내 아이의 미래를 바꾸는
기적의 질문법

내 아이의 미래를 바꾸는
기적의 질문법

김연우

코리아하우스
Koreahouse

프·롤·로·그 – Prologue

질문으로 아이의 삶을 꽃피게 하라

아무리 현명한 부모라도 아이를 키우는 동안 많은 실수를 하게 된다. 그래서 대부분의 부모들이 '다시 돌아간다면 그때 아이에게 이렇게 할 텐데.'라고 생각하며 후회한다. 과거 자신의 잘못된 자녀 교육에 대한 반성인 것이다. 모든 부모는 매일 이렇게 스스로를 돌아보며 안타까워한다.

'혹시 나의 잘못된 교육이 앞으로 아이 인생에 해가 되는 건 아닐까?'

이 책은 이런 질문으로 시작되었다. 나는 10년 이상 학원에서 아이들을 가르치면서 늘 '어떻게 하면 좀 더 아이들을 잘 가르칠 수 있을까?'를 스스로에게 질문했고, 본질에 근접한 답을 얻으려 노력했다. 사실 아이들을 잘 가르치기 위해선 가르치는 사람의 지식만 훌륭해서는 안 된다. 아이들을 동기유발

PROLOGUE

시켜서 의욕도 높여줘야 하고, 수업 태도도 올바르게 유지시켜야 하고, 포기하지 않게 만들 수 있는 공부에 대한 열정도 가지게 만들어줘야한다. 어쩌면 선생님에게 중요한 것은 가지고 있는 지식이 아니라 아이들에게 동기부여를 시키고, 열정을 주고, 올바른 태도를 유지할 수 있게 만들어줄 수 있는 능력일 수도 있다.

결국 나는 아이들을 변화시킬 수 있는 가장 좋은 방법은 '질문'이라고 생각했다. 아무리 능력이 뛰어난 아이라 할지라도 '적절한 시기에 그에 맞는 질문을 던지지 못하면 아이가 생각한 만큼 발전하지 못하는 것'을 수없이 느꼈다. 질문은 아이의 성장을 돕는 영양분과도 같다. 나는 아이들을 가르치며 전혀 성적이 오를 가능성이 없는 아이가 조금씩 공부에 대한 흥미를 느끼며 성적이 오르는 것을 꽤 자주 목격했다. 변화는 그뿐만이 아니다. 늘 부정적인 태도로

PROLOGUE

다른 아이들에게까지 나쁜 영향을 미치던 아이가 긍정적인 아이로 변한 것도, 전혀 책임감이 없었던 아이가 자신이 맡은 일을 반드시 해결하려고 노력하는 아이로 변하는 것도, 그 모든 변화를 나는 목격해왔다. 그것은 정말 놀라운 경험이었다. 내가 아이들을 변화시키기 위해 사용한 것은 대단한 그 무엇이 아닌, 그저 하나의 '질문'이었기 때문이다. 때론 한 문장의 질문이 아이를 변화시키기도 했지만, 가끔은 헤아릴 수 없을 만큼 긴 문장의 질문이 필요할 때도 있었다. 하지만 그 모든 것을 접어 두고 내가 집중하는 것은 가공할 만한 체벌이나 핀잔도 아닌, 겨우 한마디 말이 아이들의 삶에 스며들어 삶을 통째로 바꿨다는 놀라운 사실이다.

이제 그 수많은 경험을 책으로 묶어 여러분들에게 전하려 한다. 그리고 이 책의 내용이 온갖 정보가 넘쳐흐르는 이 시대에 부모로서 올바르게 자녀를 기

PROLOGUE

르는 데 힘이 되기를 간절히 바란다. 이런 나의 간절함이 여러분 아이들의 삶을 가장 아름답게 꽃피울 수 있기를 염원한다.

아이를 현명하게 기르는 질문 코치
김연우

"부모는 질문을 만들고
질문은 기적을 만든다.
부모는 기적을 만드는 사람이다"

C·O·N·T·E·N·T·S

프롤로그- 질문으로 아이의 삶을 꽃피게 하라

아이의 미래를 고민하는 엄마들에게 보내는 편지

★ '답'이 아니라 '질문'이 아이를 키운다 _ 14
★ 그것은 질문이었다 _ 16
★ 질문의 수준이 생각의 수준을 결정한다 _ 18
★ 나는 어떤 부모일까? _ 21
★ 명령하지 말고 질문하라 _ 24
★ 그저 내 아이를 평범하다고 단정하지 마라 _ 27
★ 나는 내 아이를 어떻게 키우고 싶은가 _ 31
★ 모든 아이에게 가장 중요한 것은 인성 _ 34
★ 빠르게 변해가는 사회에서 올바른 인성을 만들어가는 길 _ 38
★ 10년 동안 당신이 아이에게 했던 '질문'의 합이 10년 후 아이의 모습이다 _ 42
　TIP (아이와 엄마가 함께 읽고 생각하는) 위인을 만든 질문 _ 46

C O N T E N T S

Part2
방법을 아는 엄마가 아이의 경쟁력을 한 층 더 올린다

★ 지금 당신의 아이는 무엇을 원하고 있는가? _ 52

★ 아이에게 무엇을 가르칠 것인가? _ 55

★ 스스로 할 수 있게 만들 수 있는 질문을 던져라 _ 59

★ 질문은 언제나 긍정적인 관점으로 시작하라 _ 63

★ 잠자고 있는 아이의 꿈을 깨우는 질문을 하라 _ 67

★ 나를 위한 것인가, 아이를 위한 것인가 _ 72

★ 질문으로 아이의 강점을 발견하라 _ 75

　TIP (아이와 엄마가 함께 읽고 생각하는) 위인을 만든 질문 _ 78

CONTENTS

Part3
아이의 변화를 유도하는 성공법칙 13

★ 아이와의 의사소통이 질문의 기본이다 _ 86
★ 안 좋은 감정을 사라지게 하라 _ 89
★ 서툰 칭찬은 상처만 남긴다 _ 92
★ 수줍음의 벽을 넘게 하라 _ 95
★ 가족의 소중한 의미를 알게 하라 _ 98
★ 책임감을 갖고 모범을 보이라 _ 102
★ 당신의 욕심을 줄이고 긍정의 에너지를 심어줘라 _ 105
★ 아이가 아니라 당신의 감정을 먼저 통제하라 _ 108
★ 아이 스스로 질문하도록 하라 _ 111
★ 아이의 관심사를 늘 체크하라 _ 115
★ 사소한 것의 결핍이 아이의 미래를 사소하게 만든다 _ 117
★ 매일 일기를 쓰게 하라 _ 121
★ 꿈의 근육이 그대의 아이를 기른다 _ 123
    TIP (아이와 엄마가 함께 읽고 생각하는) 위인을 만든 질문 _ 126

CONTENTS

Part4
내 아이의 미래가 바뀌는 기적의 질문법 9

★ 자신감을 키우는 질문 _ 134

★ 자부심을 키우는 질문 _ 138

★ 현명함을 키우는 질문 _ 142

★ 올바른 태도를 키우는 질문 _ 146

★ 적극성을 키우는 질문 _ 150

★ 끈기를 키우는 질문 _ 154

★ 자립심을 키우는 질문 _ 158

★ 용기를 키우는 질문 _ 162

★ 정직을 키우는 질문 _ 166

에필로그- 당신 아이의 기적 이야기를 듣고 싶다

"부모가 얼마나 긍정적인 에너지를
줄 수 있는 수준 높은 질문을 던져주느냐에
따라 아이의 수준이 결정된다."

PART 1

아이의 미래를 고민하는 엄마들에게 보내는 편지

'답'이 아니라 '질문'이 아이를 키운다
그것은 질문이었다
질문의 수준이 생각의 수준을 결정한다
나는 어떤 부모일까?
명령하지 말고 질문하라
그저 내 아이를 평범하다고 단정하지 마라
나는 내 아이를 어떻게 키우고 싶은가
모든 아이에게 가장 중요한 것은 인성
빠르게 변해가는 사회에서 올바른 인성을 만들어가는 길
10년 동안 당신이 아이에게 했던 '질문'의 합이 10년 후 아이의 모습이다

TIP- (아이와 엄마가 함께 읽고 생각하는) 위인을 만든 질문

'좋은 부모'가 되는 것과 비교한다면 그냥 '부모'가 되는 것은 너무나 쉬운 일이다. '좋은 부모'와 '그냥 부모'의 차이는 단지 아이의 성적으로만 가늠할 수 있는 게 아니기 때문이다. 그것은 '좋은 대학에 보내는 부모가 되는 것' 보다 '아이의 마음을 헤아리며 아이의 인성을 올바르게 길러주는 부모가 되는 것'이 더 힘들다는 것에서도 구분될 수 있다.

또한 가장 큰 문제는 '우리들은 부모가 되는 방법에 대해 어디에서도 배운 게 없다'는 것에 있다. 세월이 흐르고 아이가 한 살 두 살 나이가 들수록 세상이 부모에게 요구하는 것들은 너무나 많아지고 있는데 어떻게 해야 하는지 그 방법을 모르니 더욱 곤란함을 느낀다.

사실 그렇다. '넉넉한 경제력', '완벽한 이해력', '변화의 흐름을 감지

하는 정보력' 등 좋은 부모가 되기 위해서 갖춰야 할 것들은 나열할 수 없을 만큼 많고 다양하다. 하지만 우리나라의 많은 부부들은 맞벌이를 하느라 지쳐 어렵게 낳은 아이를 기르는 것조차 힘겨운 상황이다. 현실적으로 '좋은 부모가 되기 위한 모든 조건을 다 갖추기는 힘들다'는 이야기다.

그래서 나는 이 시대의 모든 부모들에게 '질문'이라는 키워드를 던지려 한다. 아이에게 제대로 된 질문을 던질 수 있다면, 전처럼 아이를 돌보기 위해 그렇게 많은 시간과 노력을 들이지 않아도 아이에게 좋은 부모가 될 수 있다. 뿐만 아니라 어릴 때부터 올바른 질문을 하는 방법을 엄마를 통해 배우게 되면 아이의 일생에 큰 보탬이 된다.

난 10년 전부터 서울의 주요 학원 기업에서 초등학생과 중고생을 위주로 논술과 국어를 가르치며 아주 중요한 발견을 했다. 초등학교 때 성적도 좋지 않고 성품도 좋지 않았던 아이가 중학생이 되고 고등학생이 되면서 성적이 차차 좋아지더니, 주변에서 학업뿐 아니라 인품까지도 인정을 받게 되는 현상이 그것이다. 물론 그 반대인 경우도 있었다. 그래서 나는 그 두 부류를 조사했고, 마침내 그들의 '격차의 원인이 무엇인가'를 밝혀냈다.

 자, 그럼 글을 시작하기에 앞서 왜 질문이 중요한지 그것부터 이야기를 하겠다. 책에서 답을 알려주며 그 길을 걸으라고 해도 시간이 부족한데, 왜 굳이 어려운 질문을 던지며 아이들에게 길을 찾아줘야 하는지 아마도 많은 독자들은 이 점이 궁금할 것이다.

 그렇다면 한번 상상해보자. 지금 아이는 앞이 보이지 않는 길을 걷고 있다. 아이는 어디로 가야 할 것인가? 어디로 가라고 조언을 해야 할 것인가? 이때 아이에게 던지는 질문에 따라 아이가 가는 길이 달라질 것이고, 그리하여 얻는 것도 달라질 것이다. 내 아이를 샛길로 가게 할 것인가, 탄탄대로로 가게 할 것인가?

평생 24시간 아이를 따라 다니며 답을 알려줄 수는 없다. 고기를 잡아주는 게 아니라 잡는 방법을 알려주는 게 올바른 방법이듯 두터운 답안지를 곁에 두는 게 아니라 답을 찾는 질문을 알려주는 것이 올바른 방법이다.

여기서 혹시 '내 아이는 이제 늦은 게 아닐까?' 라는 의심은 추호도 하지 않길 바란다. 처음 출발이 빠르다고 마지막까지 빠른 건 아니고, 출발이 조금 늦다고 반드시 꼴등을 하는 건 아니다. 조금 늦은 것은 말 그대로 아주 조금 늦은 것뿐이다. 그 차이 이상으로 걱정할 필요는 없다. 다만 우리가 걱정해야 할 것은 지금 아이에게 '자신의 삶을 변화시킬 질문이 있느냐, 없느냐?' 다.

질문의 수준이 생각의 수준을 결정한다

그동안 나는 '운이 좋거나 나쁜 사람', '성공했거나 하지 못한 사람' 등 수많은 다양한 사람들을 만났다. 좋은 환경에서 자랐으면서도 평범한 인생을 보내는 사람도 있지만 그보다 못한 환경에서 자랐지만 최고의 인생을 보내는 이도 있다. 나는 그 '근본적인 이유가 무엇'인지 궁금했다. 그래서 나는 그들이 그간 이루어낸 일들과 개인적인 삶 등의 방향을 들여다보며 답을 찾았다. 그 결과 찾아낸 것은 바로 이것이다. 생각해보면 우리가 어떤 감정을 느끼고 어떤 행동을 하게 되는지를 결정짓는 것은, 어떤 사건 그 자체가 아니라 '그 사건에 대해 우리가 어떻게 해석하고 평가하는가 하는 것'이다. 그렇다. 성공한 사람들은 어릴 때부터 더 나은 질문을 했고, 그 결과로 더 나은 답을 얻는 과정을 거쳤다. 성공한 사람들은 어떤 상황에서든 자신이 원하는 결과를 얻을 수 있는 대답을 발견할 수 있다. '수준 있는 질문이 수준 있는 인생을 만든다'는 것은 그 누구도 바꿀 수 없는 가장 확실한 명언이다.

지금은 많은 부분이 기계화가 되었지만, 자동차 산업이 초기 단계였을 땐 수백 명의 기술자들이 일일이 손으로 조립을 했다. 그러나 헨리 포드 Henry Ford는 여기에서 그치지 않고, '어떻게 하면 자동차를 대량 생산할 수 있을까?' 라는 질문을 매일 자신에게 던졌다. 수백만 명의 사람들이 공산치하에서 고통 받고 있을 때 레흐 바웬사 Lech Walesa는 '어떻게 하면 모든 노동자들의 삶의 질을 높일 수 있을까?' 라는 질문을 했다. 질문은 우리의 상상을 초월하는 영향력을 발휘한다. 질문이 없다면 지금 우리가 살고 있는 이 세상의 모습도 많이 달라졌을 것이다. 우리가 '우리의 한계에 대해 의문을 가짐으로써 수많은 벽을 허물 수 있게 되는 것'은 자명한 사실이다.

나는 '세상의 모든 발전이 새로운 질문에 의해 진행되는 것' 처럼, 아이들이 발전하는 것 역시 마찬가지일 거라 생각한다. 우리가 잘 인식하진 못하지만, 아이들은 자라면서 무수히 질문을 퍼붓는다. 아이들이 질문을 퍼붓는 까닭은 어떤 것이 무엇을 의미하고 따라서 어떻게 행동해야 하는지 끊임없이 평가하고 있기 때문이며, 그 과정을 통해 발전해 나가는 것이다.

아이들은 그들을 둘러싸고 있는 사물에 대해 사고하는 방법과 새로운 관계를 만드는 방법도 배우고 있는데 그 학습은 대부분 자기 자신이나 다른 사람에게 던지는 질문을 통해서 이루어진다.

그렇다 보니 결국 '수준 있는 질문'이 '수준 있는 인생'을 만들 수밖에 없다. 제아무리 나쁜 관계더라도 서로 욕을 하기 보다는, 마음을 고쳐먹고 서로에게 좋은 에너지를 주는 방법이 무엇인지를 끊임없이 생각하고 질문할 때 서로의 관계가 좋아지게 된다. 부모와 아이 사이 역시 마찬가지다. 부모가 얼마나 긍정적인 에너지를 줄 수 있는 수준 높은 질문을 던져주느냐에 따라 아이의 수준이 결정된다. 그처럼 수준 높은 질문은 아이에게 상상을 초월하는 긍정적인 영향력을 발휘한다.

아이가 현재 아무 문제없이 잘 자라고 있더라도 마음을 놓을 순 없다. 아이들의 삶을 안 좋은 방향으로 바꾸는 계기는 우리도 모르는 사이에 너무나 자주 나타났다가 금세 사라지기 때문이다. 그 순간을 이겨나갈 수 있는 여러 가지 대안을 미리 준비해 가지고 있으면, 문제가 생겼을 때 혹은 문제가 생기기 전에 적절하게 대처할 수 있다.

하지만 아무런 생각 없이 모든 상황을 맞이하게 되면 힘이 빠져 아이를 기르는 데 금방 지치게 될 것이다. 그리고 그런 상황이 지속되면 아이는 조금씩 의도치 않는 엉뚱한 방향으로 나가게 되고, 결국 문제아가 될 것이다.

그러나 우리가 안도할 수 있는 이유는 '처음부터 문제아로 태어나는 아이는 없다'는 것이다. 설령 아이가 문제를 일으키더라도 부모의 관심과 애정을 통해 다시 제자리로 돌아올 수 있다. 그러므로 부모는 아이를 올바른 길로 인도하는 지도자이자 함께 그 길을 걸어가는 동반자가 되어 아이가 더 큰 사람이 될 수 있도록 항상 노력해야 한다.

그 과정을 확실하게 걷기 위해 부모는 먼저 거쳐야 할 단계가 있다. 먼저 자기 자신을 아는 일이다.

"나는 아이에게 어떤 부모인가?"
"나는 아이를 대하는 부모의 역할에 대해 적극적인가, 혹은 수동적인가?"

이 질문에 반드시 아주 솔직하게 대답할 수 있어야 한다. 부모는 크게 세 가지 부류로 나눌 수 있다. 여기서 당신은 어떤 부모인지 자신의 성향을 확실하게 파악하고, 좋은 방향으로 수정해 나갈 수 있어야 한다.

하나는 반응적인 부모다. 그들은 참고 기다리다가 끝내는 자기 자신의 한계상황에 이르게 되면, 그 실망과 분노를 자녀에게 마구 터트리게 돼서 비명과 구타를 일삼는 부류의 부모가 된다.

그리고 또 하나가 수동적인 부모다. 반응적인 부모도 나쁜 경우이지만, 그 반대의 개념인 수동적인 부모 역시 좋은 성향이라고 보기엔 힘들다. 부모가 수동적으로 자녀에게 대응하는 역할만 하게 되면 아이들에게 부모의 감정과 그 상황까지도 조정하도록 허용해주는 꼴이 돼서 혼란스러운 상황들이 반복될 뿐이다. 그래서 문제가 해결되기는커녕 악순환의 연속이 된다.

가장 좋은 형태가 바로 적극적인 부모다. 그들은 문제가 생길 때마다 바로 조치를 취하는데 그게 문제 해결을 위해 가장 좋은 방식이다. 아이와 좋은 관계를 유지하기 위해서는 적극적으로 자녀의 말에 귀를 기울여주고 공감이 흐르는 대화를 해야 하는데 적극적인 부모들이 이를 가장 잘 이행한다. 자녀의 말에 즉각적으로 부모가 반응해줘야 자녀도 부모의 말에 즉시 행동하게 된다. 부모의 반응이 없는데 아이에게만 반응을 기대하는 것은 부모의 욕심일 뿐이다.

여러분이 혹시 '반응적인 부모나 수동적인 부모라고 생각이 된다' 면 조금씩 그 성향을 수정해 나가면서 가장 좋은 형태인 적극적인 부모가 될 수 있도록 노력을 해야 할 것이다. 어제의 실수는 두려워하지 마라. 자녀를 교육하면서 가장 나쁜 자세는 혹시 실수를 할까 두려워하는 것이다. 지난 일은 어찌할 수 있는 일이 아니므로 깨끗하게 잊고, 오늘부터라도 좋은 부모가 되도록 노력하는 자세가 필요하다. 실수를 두려워하면 자신도 모르게 위축되므로 나중엔 아이에게 아무것도 해주지 못하는 상황이 될 수도 있다. 실수는 학습하기 위해 있는 것이므로 모든 것을 완벽하게 하려고 하지 말고 어제보다 오늘 더 나아지도록 노력한다면 그걸로 충분하다.

 우리나라의 수업은 대부분 학교에서 교사가 혼자 열심히 강의를 하는 방식으로 진행된다. 학생은 그저 칠판에 적혀 있는 것들을 받아 적기만 하면 된다. 수업을 하며 질문을 던지는 학생도 없고, 질문을 유도하는 선생님의 의지도 없는 경우가 많다. 그러다 보니 그저 짜인 각본처럼 기계적인 수업만이 진행될 뿐이다. 그러나 그렇게 아무런 질문도 없이 수동적으로 지식을 받아들이는 교육 방법으로는 창의력과 사고력을 기를 수 없다.

 놀라운 일이지만, 공자는 2500년 전에 이미 질문 위주의 수업을 진행했다. 직접 설명을 하기보다는 학생들이 스스로 생각하고, 궁금한 것을 질문하면 공자는 자신이 알고 있는 범위에서 답변해주는 방식이었다. 가정에서 교육을 할 때도 가능하면 질문을 하고 답변을 하는 토론식 수업을 하는 게 좋다. 질문을 많이 하고, 혼자 공부하며 깨우치는 것은 그 어떤 교육보다 중요한 일이다. 이러한 덕목은 공자가 이미 2500년 전에 강조한 교육법이며 오늘날 아이들이 세계적인 인재로 성장하는 데 절대적으로 필요한 덕목이기 때문이다.

하지만 사는 것에 바쁘다 보면 자신도 모르게 아이들에게 질문이 아닌 명령식으로 말하게 된다. 그렇게 되는 이유는 간단하다. 질문보다 명령으로 말하는 것이 훨씬 쉽고 빠른 실천을 유도하기 때문이다. 하지만 그런 명령식의 대화로는 아이의 생각을 정확하게 알 수 없고, 아이들과의 관계 역시 서먹해지게 되므로 장기적으로 굉장히 안 좋은 영향을 미친다. 결정적으로 아이가 부모를 그저 돈을 벌어 오는 사람이나 밥을 해주는 사람으로만 인식하게 될 수도 있다. 혹시 당신은 아이에게 이런 말을 자주 했었는지 한번 자신의 모습을 생각해보라.

"어서 이리 와서, 밥 먹어라."
"뭐하니? 빨리 공부해라."
"인터넷 끊어버리기 전에 빨리 컴퓨터 꺼라."
"이게 돼지우리지, 청소 좀 해라."
"쓸데없는 거 하지 말고, 일찍 자라."

아이들은 부모와 쌍방향 대화를 원한다. 하지만 이런 명령식의 대화로는 쌍방향 대화는커녕 두 번 이상 대화가 오고 가기 힘들어 진다. 위의 문장들은 거의 로봇에게 지시를 하듯 상대방의 의견은 전혀 듣지 않겠다는 의도가 담겨 있기 때문이다. 지금까지 위의 예처럼 명령식의 대화를 했다면 이제 당신도 이렇게 질문식 대화로 바꿔보는 게 어떨까.

"혼자 고민하지 말고, 우리 같이 생각해볼까?"
"그래, 어떻게 하는 게 좋을까, 네가 한 번 먼저 제안해볼래?"
"아빠 의견은 이런데, 네 의견은 어떠니?"
"좀 더 생각해 보고 의견을 말해주겠니?"
"너의 취침 시간은 10시니까, 이제 컴퓨터는 꺼야 되겠지?"

이런 질문 형식의 대화를 해야 아이와 가깝게 지낼 수 있고, 그만큼 아이의 지금 문제가 무엇이고, 궁금한 게 무엇인지 더 정확하게 알 수 있게 된다. 명령형의 대화는 부정적인 대화 습관으로 굳어질 가능성이 크기 때문에 당장 그만 두어야 한다. 그리고 좀 더 아이들을 '하나의 인격체로 생각하고, 존중하는 마음 자세'로 대해야 한다. 인상을 쓰며 억지로 말만 질문 형식으로 한다면, 아이들은 그게 진심인지 아닌지 금방 알아차리게 되기 때문에 더 안 좋은 상황이 될 수도 있기 때문이다.

아이를 키우다 보면 유독 내 아이만 못나 보일 때가 있다. 옆집 아이는 굳이 화를 내지 않아도 알아서 잘 자라는 것 같은데, 우리 아이는 왜 이렇게 말썽을 피우고 마음대로 되지 않는지 걱정이 되면서 '아이가 너무 모자란 게 아닐까' 생각하게 된다. 하지만 그런 불평은 좋은 부모의 자세가 아니다. 모든 아이가 다 같을 수는 없다. 아이들은 저마다 고유의 특성을 가지고 태어난다. 당신의 아이는 부족한 게 아니라 단지 다를 뿐이다.

한 방송국에서 기획 특집으로 화내는 부모의 자녀간의 불화가 어린이에게 어떤 영향을 미치는지 알아보았는데, 이 연구는 아주 중요한 의미가 있다. 방송국에서는 TV 시청이나 숙제와 같은 각각의 특정 상황에서 아버지와 어머니와 아이들이 화를 내는 횟수를 조사해보았다. 그리고 학업 성취, 사회적 경쟁력, 활동성, 적응도 등을 점수화했다. 그 결과 화내는 부모의 자녀들은 모든 영역에서 일정하게 부정적인 것으로 나타났다. 즉, 사회 다방면에서 적응도가 낮게 나타난 것이다. 반대로 부모가 화를 내지 않는 그룹의 아이들은 매우 긍정적인 사회 적응도가 나타났다.

아이가 질이 나쁜 인성을 갖게 되는 것은 모두가 부모의 '체벌과 근거 없는 화' 때문이다. 체벌과 화를 내는 것은 아이에게 불행의 씨앗을 심어주는 것과 같다. 물론 아이에게 화를 내지 않고 교육을 시키는 것은 어려운 일이다. 최고의 인내심을 필요로 하는 일일지도 모른다. 하지만 결국 아이를 평범하게 만드는 것은 아이가 아니라 부모의 잘못이라는 것을 알 수 있다.

사실 너무 심하게 자신의 아이를 과대평가 하는 부모도 있지만, 또 반대로 너무나 자신의 아이를 과소평가 하는 부모도 있다. 하지만 부모들이 명심해야 할 것은 '평범한 아이는 없다' 는 사실이다. 부모의 평범한 질문이 좀 더 뛰어날 수도 있었던 아이를 평범하게 만들 뿐이다. 누구에게나 가능성은 있다. 부모가 그것을 재빨리 알아채고 아이 안에 숨 쉬고 있는 가능성이 빛을 볼 수 있게 만들어야 한다. 질문은 큰 것이며, 재능은 아주 작은 것이기 때문이다.

이를 시원스럽게 증명할 수 있는 사례는 얼마든지 많다. 아인슈타인은

8세까지 심하게 열등한 아이였다. 하지만 누구나 알고 있듯 그 열등했던 아인슈타인은 상대성이론을 발견한 세계적인 물리학자로 성장했다. 그러나 그의 어린 시절은 너무나 처참해서, 많은 사람들이 그가 어렸을 때 혹시 저능아가 아닐까 고민할 정도였다. 이는 학교에 들어가서도 마찬가지였는데, 그를 맡고 있는 선생님은 '이 아이에게는 어떤 기적도 기대할 수 없다'는 기록을 남길 정도로 수준이 낮은 지능을 갖고 있는 아이로 분류되었다.

하지만 아인슈타인은 15세가 되었을 때 이미 스피노자, 데카르트와 같은 수준 높은 지식을 습득했을 정도로 어릴 때부터 아주 강한 지식욕을 가지고 있었다. 불행 중 다행인 것은 아인슈타인이 이런 지식욕을 가지고 있다는 '그 사실을 알고 있는 사람이 하나도 없었다'는 것이다. 한번 생각해 보라, 만약 그가 그런 지식욕이 있었다는 것을 주변에서 알았다면 아무도 그를 가만 놔두지 않았을 것이다. 부모는 자신의 원하는 그 무엇을 아인슈타인을 통해 실현시키기 위해 끊임없이 그를 괴롭혔을 것이다. 그 상태가 지속되었다면 결국 그는 남들보다 조금 더 많은 지식을 가지고 있는 보통 사람에 머물렀을 것이다. 하지만 다행히도 아무도 그의 능력을 알아보지 못했고, 덕분에 그는 자신의 강점을 살려 자신만의 길을 갈 수 있었고, 세계 최고의 과학자로 남을 수 있었다.

아이의 재능을 알아보는 것보다 중요한 것은 그 재능이 아이의 개성을 살려 나갈 수 있도록 돕는 일이다. 그게 내 아이를 평범하지 않은 뛰어난 아이로 키우는 단 하나의 비결이다. 언어에 뛰어난 능력이 있는 아이에게 '넌 언어 능력이 뛰어 나니까 통역사가 되는 게 어떠니?'와 같은 질문을 던지는 것은 올바르지 않다. 그건 아이를 평범하게 만드는 질문일 뿐이다. 그 직업이 괜히 멋져 보이고, 남들이 알아주는 직업이라고 그걸 억지로 아이의 재능과 연결시킬 필요는 없다. 그건 아이의 재능과 개성을 동시에 망치는 일이기 때문이다. 언어 능력이 뛰어나다면 얼마든지 아이가 갈 길은 많다. 그걸 부모가 재단한다면 아이의 미래를 재단하는 것과 같은 어리석은 일이다.

그러므로 어떤 직업을 직접적으로 말하는 질문을 던지는 것보다는 '넌 너의 재능을 어떤 일에 쓰고 싶니?'와 같은 범위가 넓고, 직접 직업을 선택할 수 있는 질문을 던지며 아이 스스로 자신의 개성대로 재능을 쓸 수 있도록 하는 게 좋다. 그게 아이의 재능을 전부 쓸 수 있도록 만들어 뛰어난 아이로 만드는 비결이다.

강연회나 세미나를 통해 내가 질문에 대한 중요성을 언급하면 부모들은 대체로 이렇게 말한다.

"질문은 너무 복잡하고 힘들어서 대체 어떤 질문을 해야 하는지 알 수가 없어요."

충분히 그 마음을 이해할 수 있다. 더구나 우리나라는 질문에 익숙한 사회가 아니다. 질문에 대해서 중요한 건 알지만, 그걸 배운 사람은 극히 드물 것이다. 하지만 질문에 대해서 좀 더 쉽게 생각해보고 접근해보자. 부모는 아이가 다칠까 염려가 되어 아이들이 움직이는 반경에 있는 '쓸데없는 물건'들을 정리한다. 그렇게 간단한 문제로 생각해보자. 당신이 아이에게 던지는 질문도 그렇게 하라. '쓸데없는 물건'과 같은 '쓸데없는 이야기'를 과감하게 버리고 가장 솔직한 모습으로 아이에게 질문해보라. 소설이나 논설문을 쓰지 마라. 아이를 변화시키기 위해서 없는 말을 만들지도 말고, 아이가 알아듣지도 못하는 다른 사람의 어려운 이야기도 하지 마라. 가장 정직하게, 아이의 수준에 맞게 당신이 원하는 그 질문을 하라. 그럼 아이들은 반응할 것이고, 그것은 당신이 아이에게 남겨준 가장 위대한 유산이 될 것이다.

하지만 모든 질문 이전에 부모 스스로 이런 질문을 던져봐야 한다.

"나는 내 아이를 어떻게 키우고 싶은가?"

이 질문에 선뜻 대답하지 못하거나, 그저 '뭐 별게 있나요, 그냥 성공하게 키우고 싶다'라는 대답을 한다면 당신은 아직 아이를 제대로 키우는 최소한의 개념조차 없는 상태임을 인정해야 한다. 그런 상태에서는 어떤 질문을 통해서도 아이를 변화시킬 수 없다. 부모의 질문에 진실성이 담겨 있지 않기 때문이다. 물론 '아이를 어떻게 키울 것인가?'에 대한 대답은 쉽게 얻을 수 있는 게 아니다. 초등학교 때 장래희망을 말하고 했던 것과 마찬가지로 그것은 답을 얻기 쉬운 질문이 아니기 때문이다. 그래서 부모들은 아이를 제대로 기르기 위한 아래의 '부모의 매일 질문법'을 통해 어떻게 아이를 키울 것인지를 조금씩 알아나가야 한다.

"나는 어린 시절 언제 행복했지?"
"내 아이는 지금 행복한가?"
"내 아이가 가장 행복해 보일 때는 언제인가?"
"나는 과연 아이의 행복에 얼마나 기여하고 있는가?"

부모에게 아이를 어떻게 키우고 싶다는 최소한의 목적이 없다면 아이는 방황하게 된다. 학교를 다니지 않고도 남다른 성취를 이룬 인물도 있는 반면 다른 이들보다 월등한 학력과 이력을 가지고도 특별한 업적을 이루지 못한 이들의 차이는 '삶의 뚜렷한 목적이 있느냐 아니냐' 이었다. 간혹 목적이 없이 사는 사람이 어떤 성취를 하기도 하지만 그런 성취는 오래가지 않고 사라지게 된다. 그러므로 부모의 매일 질문법을 통해 어떤 목적을 가지고 아이를 키울 것인지 늘 점검해보라.

모든 아이들의 얼굴이 다르듯 기질 역시 마찬가지로 다를 수밖에 없다. 아이들은 저마다 서로 다른 기질을 가지고 태어난다. 부모들은 자신의 아이보다 좀 더 괜찮은 기질을 타고난 아이들을 발견할 때면 '내 아이도 저런 기질로 바꿀 수는 없을까' 라는 고민을 하기도 한다. 하지만 기질을 바꾸는 것은 거의 불가능할 정도로 힘들다.

그렇다고 완전 불가능은 절대 아니다. 인성은 그저 기질로만 채워지는 것은 아니기 때문에 바꿀 수 있는 가능성이 높다. 인성은 기질적인 영향보다는 부모의 양육 방식에 의해서 길러질 수 있는 부분이 많기 때문이다.

한 실험에서 태어난 지 한 달 정도가 지난 비슷한 기질의 순한 아이 열 명을 모아 두 개의 그룹으로 나눈 뒤 한 그룹은 엄마와 같이 재우고, 다른 한 그룹은 엄마와 격리시켜 아기 방에서 따로 혼자 재웠다. 그러자 놀라운 결과가 일어났다.

엄마와 함께 잔 아이들은 격리되어 혼자 자고 있는 아이들보다 낮과 밤을 더 빨리 가렸고, 밤에 잘 때도 울지 않고 푹 잘 수 있었지만, 격리되어 혼자 자는 아이들은 전혀 낮과 밤을 가리지 못했고, 밤에도 계속 깨어서 울었다.

결국 기질이 전부가 아니고, 인성은 교육에 의해서 얼마든지 바뀔 수 있다는 것을 말하는 실험 결과인 것이다. 관심을 갖고 곁에서 부모가 지도를 하는 아이와 그런 지도를 받지 못한 아이는 전혀 다른 길을 걷게 된다. 여기 그것을 가장 잘 설명해줄 수 있는 사례가 하나 있다.

올해 초등학교 5학년인 진영(가명)은 특유의 지기 싫어하는 성격 때문에 어떤 일이 있어도 반에서 1등을 놓치지 않았고, 학급 임원도 도맡아 했다. 또한 운동도 잘하고, 대인관계도 원만해서 선생님은 물론 친구들의 사랑도 독차지 했다.

그러던 어느 날, 학교에서 수학여행을 가게 되었다. 진영이는 평소처럼 아버지에게 가서 수학여행 경비를 달라고 했다. 하지만 마침 직장 사정이 좋지 않아 세 달째 월급을 받지 못하고 있던 아버지는 근심어린 표정으로 사정을 이야기 하면서,

"상황이 좋지 않으니 여행을 가지 않으면 어떻겠냐?"는 제안을 했다. 그러자 아버지가 예상하지 못한 반응이 나타났다. 진영이는 그 말을 듣는 순간 바로 눈물을 흘리며,

"그럼 학교에서 제가 뭐가 돼요?"라고 대답한 것이다. 그렇지 않아도 마음이 아팠던 아버지는 아들의 말대꾸를 듣자마자 기다렸다는 듯 이렇게 쏘아붙였다.

"넌 그깟 여행이 중요하냐?"
"우린 지금 먹고 살 걱정을 해야 할 처지라고, 알겠어?"

그렇게 모든 일이 잘 해결된 것 같았다. 그러나 돌이킬 수 없는 불행은 그날 밤 일어났다. 아버지의 말에 상심한 진영이가 베란다에서 뛰어 내려 생을 달리한 것이다. 안타까운 일이 아닐 수 없다. 진영이에게 부족한 것은 없었다. 공부도 잘했고, 모든 일에 열정적이라 친구들과 선생님들에게도 인기가 높았다. 하지만 단 하나 '지기 싫어하는 성격', 그게 문제였던 것이다. 물론 지기 싫어하는 승부욕은 반드시 필요한 것이다. 하지만 너무나 심한 승부욕은 스스로를 다치게 하고, 자신에게 상처를 입히게 되므로 고쳐야만 한다. 하지만 성격을 고치기 위한 적절한 인성 교육이 없었기 때문에 진영이는 다시는 돌아올 수 없는 먼 길로 떠난 것이다.

"공부도 못하는 주제에 만날 컴퓨터 게임이나 하고!"

"공부도 못하는 주제에 먹기는 잘 먹네!"
"공부도 못하는 주제에 유행가나 따라하고!"

아이들의 행동을 늘 공부에 연관시키며 아이들의 기를 죽이는 말들이다. 공부 하나로 아이들을 평가할 순 없다. 그렇다면 진영이의 죽음은 설명될 수 없을 것이다. 진영이에게 부족한 것은 공부가 아니라 인성이었다. 아이들에게 공부보다 중요한 것은 인성이라는 말이다.

그 어느때보다 물질적으로 풍요로운 시대를 살고 있는 요즘 아이들은 큰 어려움 없이 성장하고 있는 게 사실이다. 그래서 살면서 느껴야 할 다양한 상황을 접하지 못하고 훈련이 부족해서 어떤 상황에 부딪혔을 때 문제를 너무 간단하고 쉽게 생각해서 경솔한 행동을 선택하게 되는 경우가 있다. 하지만 그런 성격과 성향은 반드시 고쳐나가야만 할 부분이다.

어떤 아이든 지금보다 더 잘할 수 있는 잠재력을 가지고 있다. 지금 당장 어떤 점이 부족하다 할지라도 훗날 더 큰 것을 이루기 위한 과정일 뿐이라는 것을 충분히 설명해줘야 한다. 그래서 아이가 좀 더 멀리 바라보고 가슴을 활짝 펼 수 있도록 인성 교육을 해야 하는 것이다.

이 책을 읽고 있는 여러분의 행동과 말은 정말 중요하다. 여러분의 행동과 말에 따라 아이들이 전혀 다른 길을 걷게 될 것이기 때문이다.

빠르게 변해가는 사회에서 올바른 인성을 만들어가는 길

　눈에 넣어도 아프지 않을 아이를 키우다 보면, 알려주고 싶고 가르치고 싶은 게 한두 가지가 아니다. 그중에서도 부모가 아이들에게 가장 가르치고 싶어 하는 교육은 단연 '인성 교육'이다. 인성 교육을 우선시하는 유치원과 교육기관을 찾는 엄마들이 많이 있지만, 아이를 변화시킬 수 있는 최고의 교사는 역시 부모밖에 없는 게 사실이다. 인성 교육은 아이에 대한 사랑이 최우선이며, 부모만큼 아이를 소중하게 생각할 사람은 없기 때문이다.

　하지만 이렇게 빠르게 변하는 사회에서 부모가 아이의 인성 교육을 시킨다는 것은 쉽지 않은 일이다. 그래서 나는 그 중심이 되는 하나의 방법을 알려주려 한다. 익숙하지 않은 말일 수도 있지만 그것은 바로 자기효능감이다.

올바른 인성을 만들기 위해서는 아이가 '특정한 행동을 수행할 수 있다'는 개인의 신념을 가지고 있어야 한다. 단어 자체가 어렵게 들리겠지만 쉽게 말하자면 그 신념이 바로 자기효능감이다. 보통의 아이들은 무슨 일을 할 때 마음처럼 되지 않으면 핑계를 대며 전혀 자신의 잘못이 아니라고 생각하게 된다. 하지만 자기효능감이 높은 아이는 성공이나 실패의 원인을 밖에서 찾기보다는 자신의 노력을 기준으로 판단한다. 그래서 자기효능감이 높은 아이는 그렇지 않은 사람보다 인성이 좋은 아이로 성장할 가능성이 훨씬 많다. 당연한 말이지만, 사람은 어떤 일을 할 때 반드시 성공할 것이라고 믿으면, 실패할 것이라고 믿고 행동할 때보다 더욱 열심히 그 일에 몰두하게 되고 그만큼 성공할 가능성도 높아지게 된다. 단어는 굉장히 어렵게 느껴지지만, 자기효능감을 키워주는 것은 어렵게 생각할 일이 결코 아니다.

아이와 함께 외출을 할 때도 얼마든지 자기효능감을 키워줄 수 있는 기회는 많다. 아이는 부모와 함께 어딜 가도 좋아하지만, 특히 사람들이 많고 볼 게 많은 시장이나 대형마트에 가는 것을 좋아한다. 이때 아이의 행동을 자세하게 살펴보면 엄마가 마트에서 물건을 고를 때, 아이들은 '어떻게든 물건을 만지작거리며 골라보려고 애를 쓰는 것'을 알 수 있다. 유제품 코너에서 치즈를 하나 살 때도, 엄마가 하나를 집으며 아이도 자신의 마음에 드는 치즈를 하나 집어 장바구니에 넣곤 한다. 이때 엄마의 순간적인 반응이 아이의 자기효능감을 좌우한다.

"그냥 가만히 좀 있어!"
"유통 기한이 지난 것을 고르면 어떡하니?"
"이건 네가 먹기엔 아직 이르다니까!"

엄마는 아이에게 이런 핀잔을 주며 아이가 고른 물건들을 모두 장바구니에서 꺼내 제자리에 올려 둔다. 결국 아이의 입장에서는 나름대로 선택을 했는데 그게 엄마를 돕는 것도 아니었고, 인정을 받는 것도 아닌 게 된다. 그런 행동이 반복되면 아이는 '자신이 하는 일이 모두 쓸데없는 짓'이라고 생각하게 된다. 결국 그 생각은 전염병처럼 몸안에서 퍼져 자신을 쓸모없는 존재라고 생각하게 된다. 절대 이런 상황을 만들면 안 된다. 부모는 언제 어디서라도 아이에게 자기효능감을 줄 수 있는 대화를 해야만 한다. 그게 마트라면, 아이와 함께 장을 보는 동안 엄마는 이런 대화를 시도하며 아이의 자기효능감을 키워줘야 한다.

"잘 골랐네. 그런데 이제부터는 좀 더 유통기한이 넉넉한 걸로 고르면 어떨까?"
"이건 네가 초등학교에 입학하면 먹기로 하고, 네가 먹을 수 있는 걸 골라보자."

아이는 뭐든지 쉽게 받아들이기 때문에 한 번의 핀잔으로 영원히 되돌릴 수 없는 먼 길을 가게 될 수도 있다. 하지만 반대로 아이를 칭찬하고 격려해주면 아이는 더 잘할 수 있는 방법을 생각하고, 선택하려 애를 쓰게 될 것이다. 그리고 마트에서 엄마가 장을 보는 모습을 유심히 보면서 엄마가 고르는 물건의 특징이 어떤 것인지 살피기도 하면서 머지않아 엄마가 고른 물건보다 더 좋은 물건을 골라낼 수 있는 안목도 가질 수 있을 것이다. 또한 그런 과정을 겪으며 아이는 자신의 존재에 대한 자부심도 커질 것이며 엄마를 돕는 습관이 형성될 것이다.

물론 아이에게 자기효능감을 심어준다고 무턱대고 칭찬하는 것은 오히려 아이에게 해롭다. 서툰 칭찬은 상처만 남길 뿐이다. 아이가 장난스럽게 고른 물건을 보고,
"너무 잘 골랐네. 최고야!"라고 칭찬하면, 당장은 괜찮더라도 훗날 부모의 기준과 사회의 기준이 너무 달라 혼란을 느끼게 되려 자기효능감에 안 좋은 영향을 미칠 것이다. 그러므로 반드시 칭찬할 만한 요인이 발견될 때 그 짧은 순간을 놓치지 말고 아이를 칭찬하는 게 중요하다. 그게 올바른 방법으로 아이의 능력을 인정해주는 방식이다.

　강연회 때도 자주 받는 질문이지만, 이 메일로도 가끔 내게 이런 질문을 하는 독자가 있다.

　"선생님, 저는 지금 당장 사는 게 힘듭니다. 노력을 할 시간적인 여유조차 없습니다. 성공을 위한 지름길이 있다면 그게 무엇일까요? 제발 알려주십시오."

　그럴 때 마다 나는 안타까운 마음으로 이런 대답을 한다.

　"어려우신 건 잘 알겠습니다. 하지만 성공을 위한 지름길은 없습니다.

지름길이란 지도 위에서나 존재하는 것입니다. 당신은 아마도 어떤 과거 시점에도 지금처럼 성공의 지름길을 찾았을 것입니다. 하지만 삶과 성공의 비밀은 없습니다. 그러므로 지름길도 없습니다. 과거에 지름길을 찾고자 하는 당신의 마음의 합이 지금 당신의 비참한 현실을 만들어냈을 뿐입니다."

나는 짧은 칼럼을 하나 쓸 때도 그렇지만, 원고지 700매의 분량의 글을 쓸 때도 평균 50번 이상을 전체적으로 다시 수정을 하곤 한다. 물론 그건 정말 힘든 일이다. 한 번 쓴 원고를 50번이나 다시 돌아본 다는 것은 새로운 원고 50개를 집필하는 것과 다르지 않기 때문이다. 때론 원고를 부탁한 출판사 측에서 왜 그렇게 자꾸 수정을 하느냐고, 지금도 충분히 괜찮다고 말을 건넨다. 하지만 나는 50번 정도는 수정한 이후에야 만족을 느낀다. 왜 나는 그렇게 많은 수정을 거친 후에야 만족을 느낄 수 있었던 것일까? 아니다. 나는 여기서 질문을 한 번 바꿔야겠다.

"한 번에 만족하지 못하고 50번을 수정한 것이 뭐가 잘못되었는가?"

'생활의 달인'이라는 프로그램이 있다. 거기에 나오는 출연자의 대부분은 한 가지 일을 무한하게 반복하여 누구보다도 완벽하게 그 일을 처리하게 된 사람들이다. 글쓰기 또한 다르지 않다. 하나의 완성된 글을 무한하게 수정하기를 반복해야 비로소 완벽에 가까운 그래서 스스로 만족할 수 있는 글이 나오기 마련이다. 나는 명작이 나오는 그 과정에 필요한 것이 끈기라고 생각한다.

내 아이가 인성이 좋은 아이로 살기 위해서는 끊임없는 노력이 지속되어야 한다. 한 번 반짝하고 이내 사라지는 것으로는 될 수 없다. 지속적으로 노력을 하지 못하는 가장 큰 이유는 쉽게 포기하기 때문이다. 그래서 스스로 아이의 재능을 망치게 되는 것이다. 노력하지 못하면 재능도 아이의 것이 아니다.

아이에게 노력의 의미를 알려줘야 하고, 노력을 지속하는 게 얼마나 좋은 결과를 만들어내는지 알려줘야 한다. 그래야 좋은 인성을 기를 수 있다. 또한 절대 누군가의 '탓'을 하게 만들면 안 된다. 찾아보면 '탓' 할 게 세상엔 정말 많다. 하지만 세상 탓, 사회 탓, 조건 탓, 환경 탓 하는 사람만큼 구제불능도 없다. 잊지 마시라, 10년 동안 당신이 아이에게 했던 '질문'의 합이 10년 후 아이의 모습이다.

하지만 아이에게 노력과 끈기의 힘을 제대로 이해시키는 것은 상당히 어려운 일이다. 그럴 땐 이런 대화를 통해 이해를 시키면 좋다.

이를 테면 당신의 아이는 성적표를 들고 왔다. 성적이 마음에 들지 않는지 아이의 표정이 우울하고, 부모님께 혼날 것 같은 마음에 불안한 표정을 짓고 있다. 당신은 아이에게 다가가 말을 건다.

"무슨 일이니?"

"성적이 나왔어요. 그런데 이번에도 저번이랑 성적이 다를 게 없어요."

"그래, 네가 지난번과 같은 성적이 나온 건 당연한 결과란다. 하나 물어보자. 넌 무지개가 언제 뜨는지 알고 있니?"

"아, 왜 갑자기 무지개… 비가 오면 뜨는 거 아닌가요?"

"그래, 하늘이 울다가 울음을 그치면 놀랍게도 아름다운 색의 무지개가 뜨지. 하늘이 정말 열심히 비를 내린 결과 생긴 결과물이 무지개라고 생각할 수 있겠지."

"네… 그래요. 그런 데 그건 왜 물으세요?"

"음, 너한테 하나 질문을 하고 싶어서 그래."

"무슨 질문인데요?"

"넌 좋은 성적을 받기 위해 얼마나 울었니?"

아이들에게 '비가 오지 않는 곳엔 무지개가 뜨지 않는다'는 사실을 알려주라. 그리고 열심히 노력하지 않고 왜 성적이 좋지 않은지 불평하지 말라고 말하라. 무지개를 얻기 위해선 먼저 비를 맞고 견디는 혹독한 시간이 필요하다. 눈물이 없는 눈엔 결코 무지개가 뜨지 않기 때문이다.

TIP 아이와 엄마가 함께 읽고 생각하는 **위인을 만든 질문**

에디슨을 만든 최고의 질문 '왜?'

최고의 질문은 아이의 창의력을 최고로 높일 수 있다. 적절한 질문이 창의력을 만든다. 세 단계의 질문을 거쳐 우리는 아이에게 최고의 창의력을 심어줄 수 있다. 첫째, 어떤 사물을 보았을 때 '왜?' 둘째, 그걸 깨닫고 '왜!' 셋째, 또 다른 질문의 '왜?' 이렇게 계속 꼬리를 물고 질문을 하고 깨닫고 다시 질문을 해야 한다. 질문이 생각을 가속화시켜 창의력을 만들어내고 대답도 만들어낼 수 있다.

같은 재능과 능력을 가졌다고 해서 반드시 똑같이 성공하지는 않는다. 다양한 분야에서 모든 역경과 실패를 딛고 우뚝 올라서는 사람들이 있다. 그들이 성공할 수 있었던 공통분모는 무엇일까? 나는 그것이 자기 자신과 다른 사람들에게 하는 질문에 있다고 믿는다.

성공하지 못하는 사람들은 묻는다.

"왜 하필 나야?"

하지만 성공하는 사람들은 묻는다.
"이 경험을 어떻게 이용할 수 있을까?"

질문은 생각을 결정하고, 생각은 마음가짐을 결정하고, 마음가짐은 행동을 결정한다.

질문의 힘에는 크게 두 가지가 있다.
첫 번째 질문의 힘은 '대답을 들을 수 있다는 것'이다. 사람들은 매일 수많은 종류의 반사 작용을 경험한다. 뜨거운 물체를 만지면 손을 움츠리고, 큰 소리가 나면 눈을 깜박인다. 그리고 질문을 하면 대답한다. 물론 대답을 하지 않을 수도 있겠지만 우리가 처음 느끼는 충동은 대답을 하는 것이다. 사실 대답을 해야 할 것처럼 느껴진다. 바로 이러한 이유로 질문을 하는 사람이 훨씬 더 유리한 위치에 서게 되는 것이다.

질문은 인간의 언어만큼 복잡하고 인간의 생각만큼 포괄적이다. 일반적으로 질문을 하는 이유는 특정한 정보를 구하기 위해서이다. 그러나 종종 아주 광범위하고 애매한 질문을 하기 때문에 어떤 대답을 해도 대충 들어맞는 경우가 있다. 대충 들어맞는 대답을 원하는 게 아니라면 질문도 애매하게 하지 않아야 한다. 이것은 인터넷에서 검색을 할 때도 마찬가지이다. 검색어로 사용하지 않은 단어는 검색되지 않는다. 원하는 검색어를 제대로 입력해야 어느 정도 원하는 답에 근접할 수 있다.

두 번째 질문의 힘은 '생각의 깊이를 더할 수 있다는 것'이다. 사람들의 사고 활동을 살펴보면 질문을 하고 있다는 것을 알게 된다. 생각은 계속 서술문으로만 진행되지 않는다. 생각을 하고 있을 때 우리는 자기 자신과 대화를 하고 있다. 내면의 독백은 누군가의 대답을 기대하지 않는다고 해도 질문으로 점철된다.

토마스 에디슨이 발명한 전구는 1200번 실패하고 나서야 거둔 성공의 결과였다. 한 기자가 그에게 물었다.
"1200번의 실패를 어떻게 감당하셨습니까?"

에디슨이 대답했다.
"나는 1200번 실패를 한 것이 아니라, 1200번의 방법이 효과가 없다는 것을 알아내는 데 성공한 것이죠."

에디슨은 실패할 때마다 질문과 사고를 거듭했다. 그는 자신에게 물었다.
"어째서 기대했던 결과가 나오지 않은 것일까?"
"어떤 가설이 잘못되었을까?"

일단 어떤 가정에 대해 질문을 하기 시작하면 결국은 그 가정을 바꾸게 된다. 그러면 처음과는 전혀 다른 새로운 아이디어가 떠오를 수 있다.

★ 아이와 함께 하는 질문 테스트 ★

어린이 여러분, 이제 에디슨이 어떻게 훌륭한 과학자가 될 수 있었는지 아셨나요? 그럼 부모님과 함께 지금 알게 된 것을 이야기하는 시간을 갖도록 해요. 그리고 한번 생각해 볼까요? 어린이 여러분은 왜 공부를 할까요? 스스로에게 질문을 던지고 이유가 생각나면 아래에 적어보세요. 선생님 같으면 이렇게 적을 거예요.

김 연 우 (내가 공부한 것을 좀 더 많은 어린이들에게 알려주기 위해서….)
　　　　(　　　　　　　　　　　　　　　　　　　　　　　　　　)

자, 공부를 하는 이유를 적었으면 잊지 말고, 평생 이 순간을 기억이 흔들릴 때마다 이런 질문을 스스로 던져보세요.

"아, 나는 이런 이유 때문에 공부를 하는 거지. 그럼 더 열심히 해야 하는 게 아닐까?"

이 질문을 하면서 우리가 왜 공부를 하는지 기억하게 될 거예요. 그리고 성적이 떨어질 때마다 자신을 위로하고 좀 더 나은 성적을 받기 위해 공부를 할 수 있는 힘을 가질 수 있을 거예요.

"질문은 사람으로 하여금 전에 없던 새로운 것을
구상하고 끊임없이 새로운 것을 만들게 한다.
그래서 긍정적인 질문이 중요하다."

PART 2

방법을 아는
엄마가 아이의 경쟁력을
한 층 더 올린다

지금 당신의 아이는 무엇을 원하고 있는가?
아이에게 무엇을 가르칠 것인가?
스스로 할 수 있게 만들 수 있는 질문을 던져라
질문은 언제나 긍정적인 관점으로 시작하라
잠자고 있는 아이의 꿈을 깨우는 질문을 하라
나를 위한 것인가, 아이를 위한 것인가
질문으로 아이의 강점을 발견하라

TIP- (아이와 엄마가 함께 읽고 생각하는) 위인을 만든 질문

지금 당신의 아이는 무엇을 원하고 있는가?

　지금 한국은 너무나 많은 부모들이 일에 매달리고 있다. 맞벌이가 마치 하나의 현상인 것처럼 많은 부모가 아이를 누군가에게 맡긴 채 일에 몰두하고 있다. 물론 아이를 기르기 위해서는 혼자 벌면 부족하니 둘이 벌 수밖에 없는 현실을 모르는 것은 아니다. 하지만 맞벌이의 이유로 당신이 주장하는 '아이를 위해서'라는 것은 아이에게 동의를 구한 생각인지 궁금하다. 당신의 아이는 '당신이 일을 하기를 바라는가?', 아니면 '조금 불편하더라도 늘 곁에 있기를 바라는가?' 그렇다면 '미래를 위해 지금 잠시 아이의 기대를 저버리고 일을 했던 당신의 미래는 처음 생각했던 것처럼 여전히 밝은가?' 아이가 원하는 것은 당신의 돈이나 유산이 아니라 지금 당장 곁에 있는 것이다.

부모가 아이를 돌보는 대신 일을 선택하는 것은 당연히 경제적인 이유가 가장 크다. 먹고 살기 힘들어 하루 종일 아이와 함께 있지 못하는 현실과 그 심정은 당사자가 더욱 안타깝고 눈물겨울 것이다. 그러나 그와 못지 않은 이유 중 하나가 양육보다 일이 더 쉽기 때문이란 많은 결과에 대해서는 차분히 되짚어봐야 할 것이다.

지루하고 당장 성취가 보이지 않는 양육보다는 회사에 나가 정해진 시간 일을 하는 게 당장 더 큰 성취감을 느낄 수 있다. 규정과 성과체계가 확실한 조직에서 일하며 성공하는 것이 집에서 아이를 기르는 것보다 훨씬 쉽기 때문이다. 실제로 아이를 누군가에게 맡기고 여기저기에 들어가는 돈을 합하면 한 사람의 월급 정도의 돈이 지출된다. 직장을 다니며 좀 더 나은 미래를 꿈꾼다고 하지만 사실 계산을 해보면 직장을 다니는 것이 돈을 모으는 데 그리 많은 도움이 되지는 않는 것이다. 그런데도 불구하고 '아이를 위해서'라는 변명을 하면서 여전히 직장을 다니고 싶다면 '진짜 부모 노릇은 무엇일까?'를 스스로에게 질문해봐야 한다.

"아이에게 사랑을 준다는 것은 무엇을 의미하는 것인가?"

늦게까지 일하느라 얼굴조차 볼 시간도 없는 아이에게 미안해 큰 선물꾸러미를 들고 들어오는 모습이 아이에 대한 사랑인가?

물론 이런 부모들 역시 아이들을 많이 생각하고 나름대로 좋은 뜻으로 한 행동이라는 것은 충분히 이해한다. 하지만 문제는 '당신의 그 생각을 아이도 아는가?' 이다. 아이들이 진정 원하는 것은 자신들의 이야기를 귀 담아 들어주고, 관심을 가져주는 것이다. 하지만 요즘 아이들은 이런 당연 한 것조차 받지 못하고 자라고 있다. 당연한 것을 받지 못하고 자라니 당 연하게 갖춰야 할 것도 갖추지 못하게 되는 것이다.

당신의 아이가 당신에게 무엇을 원하고 있는 지 우선 그것을 정확하게 파악하라. 물론 나도 알고 있다. 부모들도 아이들과 더 많은 시간을 보내 고 싶다는 바람을 가지고 있다는 것을 말이다. 하지만 그 사실을 인정하는 수준에 그치는 것이 아니라 행동으로 옮기는 부모의 수가 극히 적다는 것 에 심각한 문제가 있다. 잠을 자는 사람을 깨우는 것보다 잠을 자는 척 하 고 있는 사람을 깨우는 게 더 어렵다. 그처럼 알고도 하지 않는 것은 어떤 타인의 의지로도 움직일 수 없기 때문에 더욱 무서운 일이다. 갑갑한 현실 속에서 먹고사는 문제도 중요하지만 이 세상에 자신의 아이보다 더 중요 하고 소중한 것이 어디에 있겠는가? 모든 것이 불분명해 쉽게 답을 찾을 수 없다면 차라리 이것 하나만 기억하자.

지금 '당신의 아이가 당신을 정말 간절하게 원하고 있다는 것' 을 말이 다.

아이에게 무엇을 가르칠 것인가?

아이를 기르면서 당신이 잊지 않아야 할 문구는 바로 '세상에 완벽한 부모는 없다'는 것이다. 완벽해지고자 하는 부모는 많지만 100% 완벽한 부모는 없다. 반면 당신이 절대 잊지 말아야 하는 것은 완벽한 부모가 되고자 하는 그 마음이다. 당신의 아이는 결국 '완벽한 부모가 되고자 열심히 노력하는 그 마음'이 키우는 것이기 때문이다. 부모가 행복하지 않고는 아이 역시 행복함을 느낄 수 없다. 아이를 키우며 부모가 스스로 행복하기 위해서는 아이를 완벽하게 키우려는 변함없는 간절한 소망을 갖고 있어야 한다. 그런 절실함이 없다면 '에이, 세상에 완벽한 부모가 어디 있어?'라고 스스로에게 말하며 결정적인 순간마다 아이들에게 소홀해질 수 있다. 이건 정말 큰 문제다. 부모가 소홀하면 아이에게 그 소홀함을 채워줄 사람은 세상 어디에도 없기 때문이다. 부모는 아이에게 마지막 보루인 셈이다.

아이에게 소홀한 부모가 되지 않기 위해 가장 먼저 갖춰야 할 것이 바로 '아이에게 무엇을 가르칠 것인가?'에 대한 부모의 철학이다. 원칙과 목표가 없는 일은 끝까지 가기 힘들다. 중간에 포기할 이유가 반드시 생기게 되기 때문이다. 하지만 철학이 부모를 인내심을 갖고 아이를 가르칠 수 있게 만든다.

대부분의 부모는 아이가 잘못을 했을 때,
"몇 대 맞을래? 네가 정해!"
"오늘 저녁은 없어, 굶고 반성해!"와 같은 협박이 담겨 있는 벌을 주며 스스로 굉장히 잘했다고 착각한다. 분명 효과는 있을 것이다. 하지만 그것은 '벌이 아니라 협박으로서의 효과'다. 아이를 무시하지 말자. 아이는 약자가 아니라 그저 몸이 작은 사람일 뿐이다. 물론 협박의 언어를 사용한 후 분명 아이는 같은 잘못을 또 저지르지 않을 수도 있다. 하지만 문제는 아이가 당신의 그런 태도에 '반성'을 하기보다는 '두려움'이라는 감정을 느끼고 자제하고 있다는 것이다. 설마 당신은 아이에게 '두려움'을 가르치고 싶은가, 아니면 '믿음'을 가르치고 싶은가? '두려움', 이 단어를 생각하면 눈앞이 까마득해질 것이다.

만약 잘못한 아이에게 당신이 '넌 더 잘할 수 있단다, 그럴 수 있지?'라고 질문하며 밝게 웃으며 말해주었다면 아이는 '두려움'이라는 감정 대신에 '부모가 정말로 나를 믿어주고 있구나'라는 '믿음의 감정'을 느낄 수 있을 것이다. 믿음은 중요하다. '믿음'의 감정이 아이의 삶에 자리 잡게 되면 이제 더 이상 당신은 아이를 통제하거나 간섭하지 않고도 올바른 길로 이끌 수 있기 때문이다. 아이가 당신의 믿음을 받으며 스스로 '내가 부모님의 믿음에 어긋나지 않고 있는가?'라는 질문을 던지며 살아갈 수 있기 때문이다. 그게 바로 믿음의 힘이다.

모든 부모는 아이가 잘 자라기를 바란다. 원만한 성격을 가지기를 바라고, 사회적으로도 어느 정도 인정받는 어른으로 성장하기를 바라고, 심성도 올바르기를 바란다. 하지만 대체 그렇게 기르기 위해서는 어떻게 아이를 가르쳐야 하는가? 아이를 잘 키우는 방법은 대체 어디에서 배워야 한단 말인가? 누구나 부모는 될 수 있지만 좋은 부모가 되기 힘든 이유가 여기에 있다. 아무도 그 방법을 알려주지 않기 때문이다. 제아무리 많은 책을 읽고, 공부를 했어도 방금 졸업한 간호사나 의사가 피를 철철 흘리고 있는 환자를 보면 당황해서 어쩔 줄 몰라 하는 것과 같다. 우리는 부모가 되기 전에 많은 책을 읽고, 마음의 준비를 하지만 실제 상황에 닥치면 적절한 대처 방안과 교육 방법을 적용하지 못하고 허둥대게 된다.

거의 모든 부모가 자신의 소중한 아이를 키우며 '제대로 아이를 키우고 있는 것인가?'라는 의문을 갖고 있다. 그 의문은 아무리 고민을 해도 풀리지 않는다. 하지만 나는 '아이를 기를 때 옳고 그름은 중요하지 않다' 는 것을 말해주고 싶다. 중요한 건 아이와 당신은 분명 다른 관점을 가지고 있다는 것을 인정하는 것이다. 부모는 아이에게 푸른 운동장을 아이와 함께 즐겁게 뛰노는 모습을 상상하며 '우리 주말에 축구나 할까?' 라고 말하지만 아이는 전혀 그렇게 받아들이지 않을 것이다. 아이는 주말에 모처럼 아빠와 함께 거실에 앉아 축구 게임을 하는 모습을 상상할 것이다. 결국 옳고 그름은 없다. 아이와 당신의 관점의 차이만 있을 뿐이다. 좁힐 수 없는 이 차이를 받아들이고 이해하지 못한다면, 결코 당신은 아이를 제대로 기를 수 없을 것이다.

"구하라, 그리하면 얻게 될 것이다."

우리는 이 말을 잊어서는 안 된다. 모든 가능성을 열어둘 수 있는 희망의 문장이기 때문이다. 부정적인 질문을 하면 부정적인 답을 얻게 될 것이다. 우린 뭐든 질문한 대로 그대로 된다.

"왜 너는 한 번도 1등을 하지 못하니?"라는 질문을 아이에게 던진다면 "그건 내 머리가 나쁘기 때문이야!"라는 대답이 나올 것이다. '스스로 자신의 머리가 나쁘다'고 생각하기 때문에 이런 대화가 반복되면 아이는 아무리 열심히 공부해도 절대 일정 이상 성적이 올라갈 수 없다는 것을 스스로 인정하는 상황이 된다. 자신의 능력의 한계가 여기까지라고 생각하고 모든 것을 포기해버리는 부정적인 결과가 생기는 것이다.

또한, 그런 질문은 아이의 열정을 떨어뜨리게 되어 아무 것도 스스로 하지 않는 성격으로 변하는 데 일조할 것이다. 움직이지 않는 것은 가장 무서운 일이다. 아무런 결과도 얻을 수 없기 때문이다. 뭐든 스스로 해야 최고의 결과를 얻을 수 있고, 비록 거기가 쓰레기통이라 할지라도 희망을 발견할 수 있다.

"뭐든지 시켜야만 하는 우리 아이, 어떻게 하면 바꿀 수 있을까?"

여기에서 나는 세계적인 성공학 강사인 존 파피를 소개하려 한다. 두 팔이 없이 태어나 온 몸으로 깊은 고통을 극복하고 일어선 그에게 우린 배울 것이 많다. 존 파피의 삶 그 자체는 자신이 노력하기에 따라 상황을 얼마든지 바꿀 수 있다는 희망을 준다. 하지만 그 역시 10살 때까지는 동생이 옷을 입혀주지 않으면 학교조차 갈 수 없을 정도로 모든 일을 가족에게 의존했다. 스스로 아무 것도 하지 않으려 했고, 움직이는 것조차 싫어했다. 그런 그가 스스로 모든 것을 하게 된 것은 어머니의 좋은 질문 덕분이었다. 더 이상 그 모습을 두고 볼 수 없었던 그의 어머니는 가족회의를 열고 형제들에게 말했다.

"내일 아침부터 더 이상 존을 도와주면 안 된다. 찬장에서 접시를 꺼내

다 접시가 깨져도, 옷을 못 입어 학교에 가지 못하더라도 도와주지 마라. 존은 이제 너희와 똑같은 대우를 받을 거란다."

다음 날 아침, 상황이 벌어졌다. 존은 오전 내내 바지 단추를 잠그기 위해 안간힘을 쓰다가 탈진해서 마침내 쓰러지고 말았다. 그것을 지켜본 어머니는 당장이라도 달려가 도와주고 싶었지만 참고 또 참았다. 지금 아들을 도와주면 그 어떤 발전도 없을 것임을 알았기 때문이다. 대신 그녀는 존에게 이런 질문을 던졌다.

"존, 너는 왜 바지를 혼자 입지 못하는 거니? 변명을 만들지 마라, 할 수 없는 것보다 할 수 있는 것에 초점을 맞추고 다시 한 번 바지를 입어 보렴."

존은 결국 그 말에 더욱 힘을 얻어 바지를 혼자 입게 되었다. 존의 어머니 역시 처음에 그 말을 하면서 많은 걱정을 했다. 혹시 아이가 이 말에 상처를 입지 않을까 걱정을 한 것이었다. 하지만 그렇지 않았다. 적절한 질문은 언제나 옳은 결과를 도움에서 독립하기 위해 할 수 있는 모든 것을 받아들였다. 인공 팔을 떼버리고 발가락으로 머리를 빗고 캔을 땄다. 잔디를 깎을 수는 없었지만 잔디 깎는 트랙터를 모는 방법을 배웠다.

아이가 가지고 있는 능력이 최고가 아니라, 원하는 것을 이루지 못하고 스스로 하고 싶다는 의욕을 잃은 상태라면, 현재의 능력으로 최선을 다 할 수 있는 질문을 던져서 의욕을 불러일으켜줘라. 엄마의 그 질문이 스스로 모든 일을 할 수 있는 아이로 성장하게 만들 것이다. 존 역시 어린 시절에 무조건 남들의 도움에 의존했지만, 홀로서기를 결정한 이후 뭐든지 혼자 다 처리하려고 했다.

이야기를 다시 처음으로 돌아가보자.
"왜 한 번도 1등을 하지 못하니?"라는 질문은 아이로 하여금 다음의 변명을 하게 만들 수 있다.
"다른 집 엄마는 좀 더 좋은 학원을 보내준다는데…."
"학교 선생님이 나랑 안 맞아요, 학교 옮겨주세요."
"난 원래 공부 잘 못하잖아요."

이런 변명을 한 후에 아이는 공부에 흥미를 잃고 아무 것도 하지 않으려 할 것이다. 아이가 아무 것도 하지 않으려고 한다고 지쳐서 더 이상 무엇도 시키지 않고 방관한다면 그 아이의 미래는 어두워질 것이다. 그럴수록 아이의 변명을 뛰어 넘을 수 있는 질문을 던져야 한다. 그 질문은 존 파피의 어머니가 그랬듯, 할 수 없는 것에 초점을 맞추지 말고, 아이의 안을 들여다보며 던져야 한다.

모든 질문은 생각을 자극한다. 또한 질문은 사람으로 하여금 전에 없던 새로운 것을 구상하고, 끊임없이 새로운 것을 만들게 한다. 그래서 긍정적인 질문이 중요하다. 긍정적인 질문을 하면 긍정적인 생각으로 이어져 생각 이상의 대답을 얻을 수 있기 때문이다.

이를 테면, 아이가 학교에서 숙제를 제출했는데 선생님에게 굉장히 부정적인 의미가 담긴 꾸지람을 들었다고 하자. 그렇다면 아이는 두 가지 중에 하나를 선택을 할 수 있다.

'나는 왜 이렇게 멍청하지?'

'내 능력은 여기까진가?'

하지만 반대로 같은 꾸지람이지만 긍정적이고 발전적인 의미의 꾸지람을 들었다고 생각해보자. 이번에는 아이는 두 가지 중에 하나를 선택할 것이다.

"좀 더 완벽한 숙제를 제출하려면 어떻게 해야 할까?"
"음, 이번 숙제에서는 어느 부분을 더 신경을 써야 더 잘할 수 있을까?"

어떤가? 긍정적인 꾸지람과 부정적인 꾸지람, 각기 다른 꾸지람을 들으며 아이가 생각하는 것들은 완전히 다르지 않은가? 이처럼 생각의 '한 끗 차이'는 아이의 '한 평생의 능력'을 결정한다. 그러므로 질문은 긍정적인 관점에서 시작하는 게 좋다. 아이가 잘못을 해서 변화를 위한 질문을 시작할 땐 긍정적인 면을 지적하며 시작하는 게 좋다. 아이들이 심하게 싸울 때 나타나 야단을 치는 것보다는, 사이좋게 놀 때 끼어 들어서 관심을 나타내는 것이 아이에게 좋은 영향을 미칠 수 있다. 예를 들어 아이들이 싸울 때,

"너희들은 왜 그렇게 만날 싸우니?"라는 말보다 긍정적인 행동을 했을 때,

"싸우지 않고 잘 노는 것을 보니 너희들이 정말 많이 컸구나!" 라고 격려하며 아이의 변화를 위한 질문을 시작하는 게 서로에게 좋다.

긍정적인 관점은 하루아침에 길러지는 게 아니다. 긍정적으로 생각해야지 하면서도 막상 아이가 보채고, 귀찮게 굴면 순식간에 화를 내고 생각했

던 긍정의 언어를 모두 잃어버린 채 부정적인 관점으로 아이와 대화를 나누게 되는 게 일반적이기 때문이다. 그렇기 때문에 평소 아이에게 한마디를 할 때도 내 아이를 올바른 아이로 키울 수 있는 다음의 긍정의 한마디들을 자주 사용하면서 그 자체를 습관처럼 만드는 게 좋다.

- 네 생각은 어떠니?
- 너는 네 생각보다 더 잘 할 수 있어!
- 네가 도와줘서 훨씬 일이 쉽게 끝났구나!
- 네가 즐거워하는 모습을 보니 기쁘다!
- 어제보다 훨씬 더 잘 하게 되었네!
- 더 좋은 생각이 있으면 언제든 말하렴!
- 너는 정말 최선을 다했구나!
- 우리는 너의 결정을 믿는다!
- 너라면 할 수 있다!
- 넌 참 생각이 깊구나!

앞서 말했듯 위의 10개의 한마디들은 어느 날 갑자기 저절로 쉽게 되는 것이 아니기 때문에 냉장고에 음식점 전화번호를 붙여놓듯 집안 곳곳에 붙여놓고 외우고 연습해야 자연스럽게 술술 입에서 나올 수 있게 될 것이다. 무한한 가능성의 존재인 자녀에게 부모가 어떻게 대했느냐에 따라 자녀의 자립심과 책임감은 발달해 간다. 격려하는 마음으로 자녀를 대할 때 아이는 자신감을 갖게 되며, 유능해지고, 스스로 선택하고 결정할 줄 알게 되고, 자신과 타인을 존중하며, 새로운 경험을 하려는 용기가 생기게 될 것이다.

잠자고 있는 아이의 꿈을 깨우는 질문을 하라

꿈이 없는 아이는 자신의 재능을 잠자게 내버려두는 것과 같다. 꿈을 가지거나, 가지지 못한 아이들 간의 차이는 지속적으로 묻는 질문에 있다. 어떤 아이들은 정기적으로 우울해한다. 그 원인 가운데 하나는 그들이 제한적인 감정 상태를 갖고 있기 때문이다. 더 중요한 이유는 아이들이 자신의 꿈에 초점을 맞추지 못하고 있기 때문이다. 이런 아이들도 순간적으로 감정 상태를 바꿀 수 있을까? 물론이다. 생각의 초점을 바꿔 꿈을 가지게 하면 순간적으로 변화가 이루어진다.

그럼 꿈을 간직하게 만들기 위해 생각의 초점을 가장 빨리 바꾸는 방법은 무엇일까? 그것은 간단하다. 적절한 질문을 하면 되는 것이다. 우울한 상태에 빠지는 것은 '이런 건 해서 뭐해?', '난 왜 늘 제대로 되는 일이 없는 걸까?'와 같이 안 되게 만드는 질문을 계속해서 했기 때문이다. 우리가 끊임없이 안 되는 질문을 하면 안 되는 결론을 얻게 될 것이다. 우리가 뭐든 묻기만 하면 곧바로 답이 나온다.

여기서 장애인이지만 가스펠 가수로 활동하는 레나 마리아의 이야기를 예로 들어 잠자고 있는 아이의 꿈을 깨우는 질문에 대해서 설명하려 한다. 사지 가운데 한쪽 다리만 움직일 수 있는 레나 마리아는 머리와 입술, 표정으로 성가대를 지휘한다. 비록 신체는 불완전하지만 음악을 하는 데는 전혀 장애가 없다. 두 팔 없이 다리 하나에 의지해 살아가는 그녀에게 몸이 성한 사람들은 그의 노래에 기대어 상처를 달랜다. 세상의 도움을 받기보다는 오히려 희망을 전파하고 있는 '한 발의 디바'에게 한계는 없다.

독실한 크리스천인 그녀의 부모는 하나님이 주신 아이로 확신하고 그녀를 정상아와 똑같이 신앙으로 양육했다. 물론 장애가 있는 아이를 키운다는 것은, 부모에게 있어서는 큰 부담이요, 대단한 도전이다. 하지만 그녀의 부모는 처음부터 레나를 보통 아이들처럼 키우리라 다짐했다.

그들은 레나를 바라보며 '이 아이가 도대체 무엇을 할 수 있을까?'라는 질문을 던지지 않았고, 있는 그대로의 레나를 사랑하면서, 나름의 가능성을 찾아주려 애썼다. 그게 바로 꿈을 찾아주는 일이었다. 이런 부모의 교육 마인드가 그녀를 훌륭하게 만든 것이다. 물론 레나 마리아 역시 처음에는 자신이 무엇을 할 수 있을지 막막했을 뿐이었다. 하지만 그녀의 부모는 이런 질문을 그녀에게 자주 던짐으로써 그녀에게 꿈을 가질 수 있다는 희망을 주었다.

"레나, '네가 무엇을 할 수 있을까?'가 아닌 '나에게 가능한 일이 어떤 것일까?'로 질문을 바꿔보렴."

지금 불가능한 일을 생각하는 것이 아닌, 가능한 것을 생각하여 그것에 집중하여 살아가겠다는 삶의 집념을 만들어낸 것이다. 이 질문이 지금의 그녀를 만든 시작이다. 그녀가 가스펠 가수로서의 꿈을 가질 수 있게 만든 시작인 것이다.

모든 아이가 스스로 꿈을 가질 수는 없다. 그건 어른도 하기 어려운 일이기 때문이다. 생각해보라, 얼마나 많은 성인들이 꿈을 잃은 채 살아가고 있는가. 그러므로 지금 꿈을 가지고 있지 않다고 해도 성급하게 아이를 닦달하면 안 된다. 모든 변화의 시작은 질문의 형태로 다가온다. 그렇기에 아이가 변화하여 꿈을 갖기를 원한다면 우리는 좋은 질문을 할 수 있어야 한다. 아이에게 질문을 하기 전에 아이 스스로 좋은 질문을 함으로써 자문하는 능력을 향상시키는 것이 필요하다. 늘 부모가 찾아줄 수는 없기 때문이다. 아래에는 자문하는 능력을 향상시키기 위한 두 가지 조언을 적어보았다. 아이와 함께 서로 이야기하며 꿈을 찾아가는 질문법을 익히는 시간을 가지면 분명 도움이 될 것이다.

첫째, 좀 더 구체적인 질문을 품어라.

성공한 사람들은 확고한 신념이 서기까지 '이 길이 나의 길인가?' 란 질문을 끝없이 반복했다. 하지만 명심해야 할 것은 이러한 질문이 정작 삶을 변화시키기는 질문이 되기까지는 '내가 원하는 것은 무엇일까?' 와 '그것을 어떻게 할 수 있을 것인가?' 라는 질문이 나타날 때까지 기다려야 한다는 것이다. 예를 들어, 어느 한 부모가 자기 아이에게,

"미래는 우주시대인 만큼 엄마, 아빠는 네가 우주과학자가 되었으면 좋겠다."라고 말한다면, 이는 이 아이가 과학과 수학을 좋아하고 적성에 맞는지, 또 우주과학자가 되기 위해 무엇을 어떻게 해야만 하는지를 먼저 깨닫게 한 다음, 이를 통해 아이 스스로 나름의 시간과 생각 속에서 그 직업에 대한 구체적인 질문이 나올 수 있을 때까지 기다려야줘야 한다는 것이다. 즉, 문학적으로 보면 중심 주제가 앞에 나오고 이후에 이유, 예시, 논증 등이 나오는 두괄식 질문법보다는 구체적인 내용이나 예시가 전개된 후, 문단 마지막에 중심 주제를 보여주는 미괄식 질문법이어야 한다는 것이다.

둘째, 안 되는 쪽으로 생각하지 말고 되는 쪽으로 질문을 하라. 보통 아이들은 많은 결심을 하고, 그걸 지키지 못했다는 것에 스스로 실망을 한다. '왜 나는 자신과의 결심을 지키지 못할까?' 와 같은 문제 중심적인 질

문에서 벗어나도록 해야 한다. 그럴 땐 자신의 문제를 들춰내는 것보다 '어떻게 하면 내가 자신과의 결심을 잘 지킬 수 있을까?'라는 해결할 수 있는 방향이 나올 수 있는 질문으로 바꿔가는 자세가 필요하다.

 길은 어떻게 생기는지 한번 생각해보라. 길은 먼저 생기지 않는다. 아무것도 없는 곳을 한 사람이 먼저 가고, 그 길로 걸어가는 사람이 많아지면 그것이 곧 길이 된다. 길은 불가능한 것을 가능케 만드는 가능성의 실현이다. 하지만 부모가 찾아주지 못하면 아이 안에 숨어 있는 능력은 영원히 길을 찾지 못할 수 있다. 그래서 아이의 잠재력을 끄집어내는 과정은 고통스럽지만, 잠재력의 발현을 경험하는 소중한 순간임을 기억해야 한다. 질문을 통해 숨어 있는 아이의 가능성을 찾아야 한다. 그리고 당신이 아닌 아이 자신의 길을 가게 만들어야 한다.

아이의 인성을 좋은 방향으로 기르기 위해서는 꾸준한 관심과 인내가 필요하다. 아이는 절대 부모의 마음처럼 쉽게 변하지 않는다. 변하는 것은 아이나 어른이나 마찬가지로 어려운 일이다. 금연과 금주를 혹은 체중 감량을 결심한 당신의 뜻 역시 잘 이루어지지 않는 것처럼 말이다. 더구나 아이들의 변화는 더욱 이끌어 내기 힘들다. 그건 대부분 부모의 인내가 부족하기 때문이다.

아이가 변하지 않는다고 아이에게 큰 소리를 지르거나 매를 들면서 강제적으로 변화를 시키려 하는 방법은 아무런 효과가 없다. 큰 소리를 치는 것이나 매를 드는 것은 변화를 시키는 방법이 아니라 오히려 변화를 더디

게 만들기 때문이다. 아이들은 부모의 그런 관심이라도 끌기 위해 오히려 더 변하지 않고, 좋지 않은 습관이나 행동을 더 심하게 하게 된다. 또한 변화가 온다 해도 그게 온전한 변화가 아닌 단순히 매를 피하기 위한 변화라 한다면 그건 얼마나 슬픈 일인가. 폭력의 무서움을 감지하고 움츠려드는 아이의 모습을 상상해보라. 그러므로 소리치거나 매를 드는 것은 부모가 가장 하지 말아야 할 행동이다.

미국의 심리학자인 로렌스 콜버그Lawrence Kohlberg의 도덕 발달 단계 이론에 따르면 '처벌을 피하기 위해 규칙을 따르는 단계'는 가장 낮은 발달 단계다. 물론 가장 높은 단계는 스스로 옳고 그름을 판단해 행동하는 것이다. 단지 벌을 피하기 위해 행동하는 것이 아니라, 스스로 어떤 것이 옳은 행동인지 판단하고 움직이는 게 최고의 변화 단계인 것이다.

늘 아이에게 어떤 행동이나 대화를 하기 전엔 부모가 스스로 이런 질문을 던져보며 이게 과연 아이에게 필요한 행동과 대화인지 확인해봐야 한다.

"이것은 아이를 위한 것인가, 아니면 나를 위한 것인가?"

우리가 아이들에게 구입해주는 장난감들 역시 마찬가지다. 물론 아이의 인성이나 지성을 발달시켜주기 위해 반드시 필요한 장난감도 있지만 대부분은 아이를 보는 게 너무 힘들어서 장난감을 줌으로써 잠시라도 부모 자신만의 시간을 가지려는 욕심이다. 그럴 땐 반드시 스스로 질문해봐야 한다. 이게 과연 아이를 위한 것인지, 자신을 위한 것인지를 말이다.

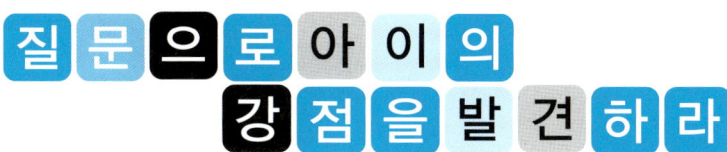

아이 스스로 자신의 강점을 찾아낼 수 있다. 스스로 집중하면서 자신의 강점에 대해 생각하는 습관을 들일 수도 있다. 이때 부모가 해야 할 역할이 있는데, 아이가 특정한 활동에 관심을 갖고 참여할 때, 주의 깊게 관찰하고 질문하는 것이다. 아이에게 뭔가를 가르치겠다고 조언을 하거나 답을 알려주려 하지 말고, 아이 스스로 대답할 수 있는 질문을 많이 던져봐야 한다. 아이가 설거지 같은 집안일을 마친 후에 일어날 수 있는 질문 유형을 예로 들어보자.

"수민아 걸레질을 아주 잘했구나. 걸레질을 할 때 어느 부분이 가장 즐거웠는지를 말해줄 수 있겠니?"

"전 청소기로 먼지를 쓸어 담는 것보다 걸레로 바닥을 닦는 게 더 좋아요."

"왜 그럴까, 생각해봤니?"

"전 제가 스스로 하는 걸 좋아하니까요. 청소기는 제가 아니라 전기의 힘을 빌리는 것 같아서 별로예요."

"그럼 네가 스스로 하는 것 중에 또 좋아하는 게 있니?"

"그럼요, 전 차를 닦는 것도 좋아하는걸요."

"그래, 그렇구나. 그럼 엄마가 하나 묻자. 너에게 둘 중에 하나를 선택해야 하는 문제가 생겼다. 하나는 세차고 하나는 설거지야. 무엇을 하겠니?"

"당연히 걸레질이죠."

이런 간단한 질문을 통해서도 아이가 무엇을 좋아하는지를 알 수 있다. 여기에서 조금 더 심화된 부분으로 들어가고 싶다면 간단하면서 둘 중에 하나를 선택할 수 있는 질문을 던져보라.

"너는 쇼핑할 때 팬시 용품을 사는 게 좋니, 아니면 학용품을 사는 게 좋니?"

"학용품이요."

"왜 그렇지?"

"학용품은 어차피 필요한 물건이니까요. 하지만 팬시 용품은 반드시 있어야 할 물건은 아니잖아요."

"그게 무슨 의미지?"

"글쎄요, 저에겐 아주 중요한 의미에요. 저는 실용적이지 않은 물건을 구입하는 건 아주 싫거든요."

"그래, 넌 실용적인 걸 아주 좋아하는구나?"

"네, 맞아요. 전 뭘 사든지 실용적인 게 좋아요."

아이의 강점에 귀를 기울여야 한다. 그래서 우린 늘 매일 스스로에게 이런 질문을 해야 한다.

"무엇이 우리 아이에게 가장 흥미를 일으키는지, 나는 잘 알고 있나?"

모든 것은 관심이다. 부모가 얼마나 아이에게 관심을 쏟느냐에 따라서 아이의 강점이 더욱 쉽게 눈에 보이게 된다.

TIP 아이와 엄마가 함께 읽고 생각하는 **위인을 만든 질문**

축구 신동 리오넬 메시를 키운 질문

　위급한 상황인 경우 환자와 의사 사이의 대화는 상당히 중요하다. 만일 환자가 심리적으로 위축이 되어 있거나, 의사의 일방적인 대화를 강요받는다면 의사는 환자의 중요한 부분을 놓치기 된다. 그게 위험의 시작이 되어 살릴 수 있는 환자를 죽일 수밖에 없는 사례를 만들게 된다. 연구자들의 말에 의하면 의사는 환자가 이야기를 시작하고 나서 8초 정도 후에 환자의 말을 끊고 끼어든다고 한다. 존스홉킨스 대학의 로터 교수는 의사가 던지는 질문의 방식이 환자의 답변 방식을 결정한다고 주장한다.

　질문에는 개방형 질문과 폐쇄형 질문 2가지가 있는데, 로터 교수는 가야 할 방향이 확실할 경우엔 폐쇄형 질문이 좋은 효과를 얻을 수 있지만 아직 아무 것도 확신하지 못할 경우엔 개방형 질문이 빛을 발한다고 말한다. 이때 말하는 개방형 질문이란 이렇다.

환자가 처음 진찰을 받기 위해 병원을 찾아왔을 때 환자에게 이렇게 묻는 것이다.

"처음으로 병세를 느낀 적이 언제입니까? 어디가 가장 아프죠?"

하지만 폐쇄형 질문은 이런 것이다.
"배가 어떻게 아팠죠? 통증이 날카로웠나요, 아니면 둔탁했나요?"

폐쇄형 질문은 의사가 환자를 이미 진단을 내린 것이나 다름없다. 환자는 어디가 아픈 지에 상관없이 일단 그 진단 안에서 대답을 할 수밖에 없게 된다. 이것이 만약 정확한 진단이 아닌 의사의 선입견이라면 환자의 목숨은 위험해지기 시작한다.

의사가 환자의 삶을 바꾸어줄 수 있듯 때론 선천적인 아이의 능력보다 부모의 질문 능력이 아이의 미래를 바꾸기도 한다. 의사처럼 부모도 일단 아이에게 말을 거는 사람이기 때문에 아이에 대한 많은 정보를 가지고 있어야 하며 일시적으로 쉽게 판단해서 아이에게 폐쇄형 질문을 던지면 안 된다. 그것은 결국 아이가 가진 100개의 능력 중에 딱 1개만을 쓰게 되는 결과를 만들게 된다. 서툰 질문이 아이의 능력을 제한시키는 것이다.

축구에 좀 관심이 있다면 FC바로셀로나의 공격수이자 아르헨티나의 축구 신동 리오넬 메시를 알고 있을 것이다. 그는 현란한 드리블과 파괴력

강한 슈팅으로 전 세계 축구 팬의 이목을 사로잡는다. '마라도나의 후계자'라는 칭송을 받으며 최근 아디다스의 광고에 등장한 그는 이렇게 얘기한다.

"내 이름은 리오넬 메시, 내 얘기 한번 들어볼래? 난 11살 때 성장호르몬에 문제가 있다는 걸 알게 됐어. 하지만 키가 작은 만큼 난 더 날쌨고 공을 절대 공중에 띄우지 않는 나만의 축구 기술을 터득했어. 이제 난 알아, 때로는 나쁜 일이 아주 좋은 결과를 낳기도 한다는 걸. 불가능, 그건 아무것도 아니야."

그는 11살 때 왜소증을 앓아 키가 170cm도 채 되지 않는다. 185cm가 훌쩍 넘는 선수들이 즐비한 해외 축구계에서는 그야말로 '꼬마'인 셈이다. 그래서 그는 자신의 단점은 최소화하고 강점을 최대한 발휘하는 전략을 펼친다. 몸싸움을 최소화하고 작은 몸집을 이용해 좁은 틈새를 활용한 환상적인 드리블을 선보인 것이다. 아무도 메시가 축구 선수로 대성할 수 있을 거라고 생각하지 않았다. 하지만 메시는 자신의 단점보다는 강점을 돋보이게 만들었고, 오늘날 세계인의 이목을 집중시키는 대선수가 될 수 있었다.

하지만 그가 지금의 위치에 오르게 된 결정적인 이유는 그의 능력을 발견하고 키워준 부모의 질문에 있다. 남들보다 키가 작은 메시를 보며 그의 부모는 보통의 부모가 할 만한 폐쇄형 질문을 하지 않았다. 아마도 보통의 부모였으면 직접 말로 하진 않아도 이런 생각을 했을 것이다.

'아무래도 키가 작고 왜소하니까 운동선수는 못하겠고, 힘을 쓰는 직업을 가질 수는 없을 거야. 약하니까 공부나 시켜서 회사원이나 하라고 해야겠다.'

그래서 이런 질문을 던졌을 것이다.

"메시 너는 어느 회사에서 일하고 싶니? 어떤 직종의 회사에서 일하고 싶어?"

이것은 정말 대표적인 폐쇄형 질문이 아닐 수 없다. 하지만 메시의 부모는 절대 그런 질문을 하지 않았다. 메시의 부모는 왜소한 아들을 바라보며 전혀 선입감을 가지지 않고 충분하게 다양한 아들에 대한 정보를 듣고, 질문을 던지기 시작했다. 메시가 다니는 초등학교에서는 자주 축구 경기를 했었는데, 그때마다 아이들이 메시와 같은 편을 하기 위해서 애를 썼다고 한다. 메시가 있는 팀이 언제나 이겼기 때문이다. 메시의 부모는 이런 모든 정보를 습득하고 있었다. 그리고 질문을 던지는 것이었다.

앞서 말했듯 모든 정보가 충분해진다면 폐쇄형 질문이 더욱 빛을 발한다.

"메시, 너는 얼마나 훌륭한 축구 선수가 되고 싶니?"

그러자 메시는 이렇게 대답했다.
"세계 최고의 축구 선수가 되고 싶어요."

그 대답을 듣자마자 그의 부모는 아들의 병을 치료하고 싶었지만 치료 환경이 낙후됐고 치료비를 댈 능력도 없어서 스페인 바르셀로나로 이주하는 것으로 돌파구를 찾았다. 13세이던 메시는 자신의 축구 실력을 가늠해 보고 싶어 FC 바르셀로나 입단 테스트에 참가했고 구단 관계자들을 깜짝 놀라게 했다. 그리고 지금의 메시가 탄생된 것이다.

만약 메시의 부모가 다른 부모처럼 평범하고 협소한 질문을 던졌다면 메시는 지금쯤 부모의 뜻대로 어느 기업의 회사원으로 살고 있을지 모른다. 그게 행복한 삶인지 아닌지는 알 수 없으나 분명한 것은 회사원으로 살면서도 여전히 시간을 내어 팀을 짜고 축구공을 차고 있을 거라는 사실이다. 자신의 재능을 숨길 수는 없는 것이다. 재능이 썩고 있다면 그것처럼 억울한 인생은 없을 것이다. 내 아이에게 그런 순간을 경험하게 하고 싶지 않다면 아이에 대한 온전한 정보를 수집하고 폐쇄형이든 개방형이든 거기에 맞는 질문을 선택하는 자세가 필요하다.

★ 아이와 함께 하는 질문 테스트 ★

어린이 여러분, 이제 왜소하지만 축구는 정말 잘하는 메시가 어떻게 자신의 어려움을 이겨내고 위대한 축구선수가 되었는지 아시겠죠? 여러분은 잘하는 것이 무엇인가요? 스스로에게 질문을 던지고 답이 생각나면 아래에 적어보세요. 선생님 같으면 이렇게 적을 거예요.

> 김 연 우 (아이들에게 꿈과 희망을 심어주기 위해 글을 쓰는 것을 잘 합니다.)
>
> ☐ (   )

자, 여러분이 좋아하고 잘하는 것을 적었으면 잊지 말고, 평생 이 순간을 기억이 흔들릴 때마다 이런 질문을 스스로 던져보세요.

> "나는 내가 잘하는 것, 좋아하는 것을 하는데 행복하지 않은가?"

이 질문을 하면서 우리가 얼마나 행복한 것을 하고 있는지 알게 될 거예요. 그리고 의욕이 떨어질 때마다 자신을 위로하고 좀 더 나은 자신이 되기 위해 노력할 수 있는 힘을 가질 수 있을 거예요.

"초등학교에 입학하는 아이에게
'선생님 말씀은 무조건 잘 들어야 한다'고
말하기보다는 '선생님 말씀 잘 듣고 혹시
궁금한 게 있으면 당당하게 손을 들고 물어보라'고
말해줘야 한다."

PART 3

아이의 변화를 유도하는 성공법칙 13

아이와의 의사소통이 질문의 기본이다
안 좋은 감정을 사라지게 하라
서툰 칭찬은 상처만 남긴다
수줍음의 벽을 넘게 하라
가족의 소중한 의미를 알게 하라
책임감을 갖고 모범을 보이라
당신의 욕심을 줄이고 긍정의 에너지를 심어줘라
아이가 아니라 당신의 감정을 먼저 통제하라
아이 스스로 질문하도록 하라
아이의 관심사를 늘 체크하라
사소한 것의 결핍이 아이의 미래를 사소하게 만든다
매일 일기를 쓰게 하라
꿈의 근육이 그대의 아이를 기른다

TIP- (아이와 엄마가 함께 읽고 생각하는) 위인을 만든 질문

아이와의 의사소통이 질문의 기본이다

이런 생각을 해본 적이 있는가?
"질문이 없는 아이는 평소에 무슨 생각을 할까?"

정답은 '아무 생각도 하지 않는다'이다. 그래서 가장 걱정스러운 아이는 공부를 못하는 아이가 아니라 질문이 없는 아이들이다. 이런 아이들의 경우엔 아이가 지금보다 더 어렸을 때, 부모가 아이를 잘못 길렀을 가능성이 크다. 아이가 질문을 했을 때 인상을 쓰며 답을 해주었거나, 잘못한다고 화를 냈기 때문이다. 지금이라도 아이의 호기심을 키워주고 질문을 자주 하도록 만들고 싶다면, 부모가 먼저 질문을 유도해야 한다. 이때는 어떤 사실을 묻는 질문보다는 특별히 답이 없는, 기초 지식이 없어도 누구라도 생각을 해서 답할 수 있는 편한 질문이 좋다.

질문 전에 반드시 알아둬야 할 것은 아이를 신뢰하고 있음을 보여주면서 스스로 믿게 하는 태도를 가지고 있어야 한다는 것이다. 부모가 자녀를 믿는다는 것은 아이가 가장 강력한 힘을 발휘할 수 있는 요인이 된다. 자녀를 근본적으로 믿지 못하면 자녀는 그것에 부응해 실패할 것이다. 만약 당신의 아이가 '엄마, 나 내일 학교에 가서 발표할 때 실수하면 어쩌지?'라고 묻는다면 어떻게 대답해야 할까?

좋은 대답은 바로 이것이다.

'친구들 앞에서 실수할까봐 걱정이 되는구나? 네가 열심히 준비했으니까 실수 없이 잘 해낼 수 있을 거야, 그렇지?' 라고 긍정의 질문을 던져주면서 아이와의 의사소통을 긍정적인 방향으로 이끌어 나가야 한다.

그렇게 긍정적인 방향으로 의사소통을 이어간 다음엔 '아이가 무엇을 생각하고 있고', '무엇을 원하는지, 기본 지식을 숙지' 하고 있는 게 중요하다. 그렇지 않다면 아이에게 물어볼 질문도 변변치 않게 되기 때문이다. 그러므로 늘 아이와의 의사소통이 원활해야 한다.

아이의 말을 집중해서 정성스럽게 들어줘야 하고, 아이의 감정과 마음을 완벽하게 읽어내야 한다. 그리고 아이가 말한 내용과 아이가 느끼는 감정을 잘 파악해서, 아이가 느낀 감정에 대해서 반응해주면, 아이는 이해받고 있다고 느끼게 되므로 좋은 영향을 받을 수 있다. 그러나 이 모든 것을 다 알고 있어도 실천하는 것은 상당히 어려운 일이다. 그러니 늘 아이와의 대화를 하며 '기분을 상하게 하거나, 대화가 부정적으로 흐르면 안 된다는 것'을 기억하고 있어야 한다. 아래의 아이와 대화를 망치는 걸림돌 8가지를 살펴보며 아이와의 대화를 할 때 주의하자.

1. 빈정거림: "잘 하는 짓이다."
2. 심문: "어디 갔다 온 거야? 지금 몇 시인 줄 알아? 누구랑 있었어?"
3. 협박: "엄마 말 또 안 듣기만 해봐라."
4. 비교: "휴, 옆집 아들은 이렇지 않다는데…."
5. 조롱: "도대체 넌 누굴 닮아서 이렇게 멍청하니."
6. 경고: "잘못했으니 오늘 밥은 없다!"
7. 명령: "좀 서두를 수 없니, 빨리 좀 해라!"
8. 비난: "넌 대체 뭐가 되려고 그러니."

정말 사랑스러운 아이지만, 계속해서 말을 듣지 않고 보채거나 징징거리는 것을 보면 자신도 모르게 화를 내고 아이에게 심한 말을 할 수 있다. 부모라면 누구라도 공감할 것이다. 하지만 문제는 '상황을 다음날까지 지속시키면 안 된다는 것'이다.

아침부터 저녁까지 모든 안 좋은 감정은 그 하루 안에 온전히 사라지게 만들어야 한다. 그날로 아이들의 마음에 담긴 안 좋은 감정이 사라지게 만들어야 한다. 그래서 아이를 크게 혼냈을지라도 잠자리에 들기 전엔 반드시 따뜻하게 대해주며 포근히 안아주는 행동이 필요하다. 혹시라도 부모가 실수나 잘못된 판단으로 아이를 혼냈다면 더더욱 아이에게 다가가 오해가 있었다고 말하며 '내가 정말 미안하다'고 진실로 말해야 한다. 그래야 아이 마음속의 나쁜 감정이 사라지게 된다. 부모가 그런 행동을 하지 않으면 아이는 다음날까지 안 좋은 감정을 가지고 학교에 갈 것이고, 밥을 먹고, 공부를 할 것이다. 그런 마음 상태로 살아가는 하루가 제대로 될 리가 없다. 또한 그 감정은 쌓이고 쌓여 어른이 돼서까지 아이의 인생을 망치게 만들 수도 있다. 하지만 안 좋은 감정을 사라지게 만들 수 있는 질문을 던지면, 아이의 마음은 스펀지와 같아서 언제 그랬냐는 듯 모두 사라지게 만들 수 있다.

안 좋은 감정을 사라지게 만들 땐 잠들기 전이 가장 좋다. 잠들기 전에 들려주는 이야기는 아이에게 안정감을 주기 때문이다. 낮에 심한 꾸중을 했더라도 일단 잠자리에 들어가면 괜히 다른 곳을 쳐다보려 하지 말고, 최대한 아이에게 정답게 대해주라. 그리고 '내일은 좀 더 멋진 날이 우리를 기다리고 있을 거야'라고 속삭여주어라. 아이와 부모가 하루의 삶을 평안하게 마무리하게 하고, 내일도 평온한 날이 될 것이라고 소망하고 바라는 것은 아이와 부모 모두를 위해서 좋은 일이다.

다시 한 번 강조하지만, 아침에 눈을 뜨면서부터 밤에 잠잘 때까지의 하루는 그 자체로 완결되어야 한다. 그게 내일로 다음 주로 계속 이어지면 안 된다. 그게 이어지면 아이들이 탈선하고 부모 또한 더 이상 아이를 제어할 수 없는 지경에 이르게 된다. 따라서 우리는 자녀들을 대할 땐, 언제나 하루를 경계로 안 좋은 감정이 그날로 정리되도록 만들어야 한다.

그래야 부모가 아이와 긍정적인 관계를 맺을 수 있다. 또한 아이가 올바른 인성을 가질 수 있기 때문에 제아무리 큰 고난이 닥쳐와도 이겨낼 수 있는, 자신감 충만한 아이로 성장하게 된다.

부모라면 아이를 누구보다도 훌륭하게 기르고 싶어 하는 마음은 같다. 그러나 이런 마음을 갖고 있어도 실제로 어떻게 하는 것이 진정 자녀를 위한 말이고 행동인지 혼란스러운 때가 아주 많다. 그래서 보통 부모들은 무조건 아이들에게 칭찬을 하는 게 좋다고 생각하고, 스스로 이렇게 생각하며 아이에게 무조건적인 칭찬을 한다.

"나는 다른 부모들이랑 차원이 달라. 다른 부모들은 애들한테 소리를 지르고 야단만 하지만 나는 얼마나 칭찬을 자주 하는데…. 아마 우리 아이들은 칭찬을 많이 해서 길렀으니 다른 어느 집 애들보다도 훌륭하게 자랄 거야."

그러나 이렇게 매일 칭찬을 한다고 해서 아이가 부모의 생각대로 올바르게 성장하는 것만은 아니다. 칭찬은 쉬운 게 아니다. 적당하지 않은 칭찬은 오히려 독이 될 수 있다. 우리는 너무나 쉽게 아이를 칭찬하고, 그게 아이를 위한 것이라 생각한다. 칭찬이란 것은 삶을 쥐고 흔들 만큼 각인 효과가 있기 때문에 잘 다뤄야 한다. 현명하게 칭찬하지 않으면 영원히 아이의 삶을 불행하게 만들 수도 있다.

당신도 한번 시험해보라. 여기 과일을 잘 먹지 않는 아이가 있다. 그런데 오늘 따라 아이가 잘 먹지 않던 과일을 생각 이상으로 잘 먹었다. 그렇다면 당신은 아이에게 어떤 칭찬을 할 것인가? 보통은 이런 칭찬을 한다.

"어머, 과일을 정말 많이 먹었네! 우리 착한 아이, 참 잘했어요."

물론 이런 칭찬이 나쁜 것은 아니다. 하지만 다시 한 번 생각해보자. 위의 말을 분석해보면 '과일을 잘 먹었으니 착한 아이'라는 전제를 깔고 있다. 그렇다면 과일을 잘 먹지 않으면 착한 아이가 될 수 없음을 은연중에 말하고 있은 것이다. 아이의 행동에 따라 아이의 가치가 달라질 수 있다고 말하는 것이다.

당신의 아이가 그렇게 느끼도록 만들고 싶은가? 아이가 '과일을 먹으면 착한 내 아이'고, '잘 안 먹으면 소중하지 않은 아이'인가? 뭔가 잘못되었음을 느낄 것이다. 아이를 향한 당신의 칭찬 방향을 바꿔야만 한다. '과일을 먹었으니 착한 아이네'라는 칭찬을 아니라 '과일을 잘 먹는 건 착한 일이지'라고 말하며 아이가 한 '행동을 대상으로 칭찬' 해야 한다.

잘못된 칭찬을 듣고 자란 아이는 나중에 어른이 돼서 실패를 하지 않기 위해 도전을 하지 못하는 비효율적인 삶을 살게 된다. 늘 바른 행동을 해야만 좋은 사람이라고 어릴 때부터 부모에게 교육을 받았기 때문에 어리석게도 실패하는 사람은 나쁜 사람이라는 결론을 짓게 되기 때문이다.

결론적으로 아이들은 무조건 칭찬만 할 게 아니라, 제대로 된 칭찬을 많이 받고 자라게 해야 한다. 서툰 칭찬만 받는다면 칭찬 받기를 기대해서 무언가를 해놓았을 때 칭찬을 받지 못하면 스스로 자신이 못났다고 생각하고 좌절하게 되기 때문이다. 좋은 칭찬이 좋은 아이를 만든다. 좋은 칭찬을 많이 받고 자라면 긍정적인 생각을 많이 하게 되고, 긍정적인 생각이 스스로 자신이 가치 있는 존재라고 느끼게 해줌으로써 작은 일이라도 잘해 보려고 노력하는 자세를 갖게 된다.

내성적인 것은 좋은 인성을 기르는 데 도움이 되지 않는다. '아이가 참 조용한 게, 얌전하고 점잖네요!' 라는 말은 우리나라의 부모들 사이에서는 칭찬과 같은 느낌으로 흔히 하는 말이나, 유태인 부모들 사이에는 이런 칭찬이 없다. 얌전하다는 말은 공부를 할 수 없다는 말과 같은 말이기 때문에 그것은 악담이나 마찬가지로 생각한다. 유태인 부모들은 언제나 아이들에게 '자신의 생각을 잘 정리하고, 할 말이 정해졌으면 똑바로 서서 그것을 분명하게 큰 소리로 말하라'고 훈계할 정도다.

초등학교 2학년인 민재는 수줍음이 유난히 많은 아이였다. 그래서 같은 나이의 친구랑 이야기를 할 때도 거의 고개를 들지 못하고 땅을 보며 간신히 대화를 할 정도였다. 물론 수줍음이 많았기 때문에 대화의 시간도 길지 않았고, 민재는 거의 '그래' 혹은 '아니' 정도로 짧은 의사소통만을 할 정도였다. 하루는 민재의 부모님을 만날 기회가 생겼는데, 민재의 부모님 역시도 민재처럼 수줍음이 많다는 것을 알 수 있었다. 민재에 대한 이야기를 하며 그의 부모에 대한 이야기도 들을 수 있었는데, 민재의 아빠는 민재보다 더욱 심하게 내성적이라서 고등학생이 될 때까지 가족이 아닌 사람하고는 대화도 못했다는 사실을 알게 되었다. 민재의 아빠는 그래서 더욱 민재의 수줍은 성격이 안타까웠다. 자신이 고통스러운 어린 시절을 보냈기 때문에 민재의 수줍은 성격이 얼마나 고통스러운 일인지 더욱 잘 알고 있기 때문이다.

그래서 나는 민재의 성격 때문에 고통스러워하는 민재의 아빠에게 몇 가지 조언을 했고, 민재의 수줍은 성격을 고칠 수 있는 질문법을 알려주었다. 그렇게 민재 아빠에게 수줍음을 날려 버릴 수 있는 질문법을 알려준 후 여섯 달 정도가 지나자 민재의 모습에서 수줍음은 거의 발견할 수 없게 되었다.

이젠 민재는 새학기가 두렵지 않았다. 예전엔 어렵게 사귄 친구 몇 명과 헤어지고 다시 새로운 친구들을 만나 친해진다는 게 정말 고통스러운 일이었지만, 이젠 새로운 친구들을 사귀고 친해지는 과정을 즐길 정도로 수줍음의 벽을 넘어선 것이다. 그 비법은 간단하다.

일단 수줍은 성격을 바꾸기 위해서는 단답형의 대답이 아닌 조금 긴 대답이 나올 수 있게 유도해야 한다. 만약 아이에게 '점심 먹었니?'라는 질문을 던진다면 아이는 '네' 혹은 '아니요'라는 단답형의 대답을 하게 될 것이다. 이럴 땐 조금 더 긴 대답을 유도할 수 있게 '오늘 점심 반찬은 뭐가 나왔니?' 정도로 질문을 던져야 한다. 그리고 아이가 답변을 하면 이번엔 좀 더 긴 대화를 유도하기 위한 질문을 던지며 아이와의 대화 시간을 늘려 나가며 자꾸 대화 분위기를 편안하게 만들어줘야 한다.

그리고 자꾸 아이가 스스로 뭔가를 해결할 수 있는 기회를 만들어줘서 성취의 느낌을 자주 갖도록 하는 게 내성적인 성격을 벗어나게 만드는 데 좋다. 아이가 어떤 새로운 일을 할 때 그것에 계속 관여하는 것보다는 아이가 스스로 뛰어 들어서 문제를 해결할 수 있는 충분한 시간을 주는 것이 좋다. 그렇게 독립심을 키워주면 어느새 자신감이 생기고 소심하고 내성적인 성격도 달라질 것이다.

아이의 성장이 부모에 의해서 완전히 달라질 수 있다고 생각하는가? 답은 '그렇다'이다. 예전에 어느 신문사에서 유치원부터 고등학교에 다니는 자녀를 가진 학부모들을 대상으로 '당신의 성장과정에서 인격형성에 가장 많은 영향을 미쳤던 사람은 누구입니까?'라는 설문을 했는데 놀라운 결과가 나왔다. 답은 위인이나 학교 선생님도 아닌, 아버지와 어머니였다. 80% 이상의 학생들이 부모를 자신의 인생을 변화시킨 결정적인 사람으로 뽑았던 것이다.

이 조사 결과는 우리에게 희망을 준다. 다른 어떤 영향이 아닌, 오직 부모만 올바르게 아이를 가르치면 아이는 잘 자랄 수 있다는 반증이 될 테니 말이다.

모든 것의 시작은 가족이다. 그러므로 아이에게 가족의 의미를 알려주고, 가족이야말로 평생을 아끼고 지켜야 할 중요한 존재라는 것을 알려야 한다. 두 살 터울인 형 철호와 동생 철우는 하루가 멀다 하고 다투고 싸운다. 간식을 똑같이 나눠줘도 서로 자기가 받은 게 작다며 싸우고, 가끔은 심한 욕까지 하며 서로를 비방한다. 그래서 나는 형인 철호와 이런 대화를 시도해 보았다.

"철호야, 네겐 정말 친한 친구가 있니?"
"네, 있어요. 우린 5년 이상 친하게 지내온걸요."
"아, 그래. 친구 이름이 뭐지?"
"재민이에요, 박재민."
"그래, 재민이란 친구랑 친하구나. 혹시 그 친구랑은 싸운 적은 없니?"
"얼마 전에 다투고 한 달 동안 안 만났었어요. 그땐 너무 화가나서 평생 안 보려고 했다니깐요."
"그러니? 그래, 그럼 선생님이 한 번 물을게. 만약 넌 동생이랑 다퉜다면 평생 안 볼 거니?"
"아니요, 어떻게 동생을 안 볼 수 있어요."
"그래, 그렇단다. 가족이란 그런 거야. 가족끼리는 어떤 다툼이나 불화가 있어도 결코 문제가 되지 않아. 인생에서 가장 좋은 친구는 가족이니까. 그러니 앞으로 가족이 너희의 진정한 재산이라는 것을 알아줬음 좋겠다."

물론 내가 철호와 이런 대화를 나눴다고 해서 동생과의 다툼이 완전히 없어진 건 아니었지만 그 전에 비해 싸움의 횟수는 눈에 띄게 줄었다.

세계적인 대문호인 톨스토이에게는 특별한 습관이 하나 있었다. 그는 열아홉 살부터 시작해 평생 실천한 습관이 하나 있는데 그것은 바로 일기쓰기였다. 평범하다고 생각할 수도 있는 일기쓰기가 톨스토이라는 대문호를 만든 결정적인 힘이라고 볼 수도 있다. 하지만 내가 여기에서 일기쓰기를 강조하는 것은 그 이유 때문만은 아니다. 톨스토이는 일기 쓰기를 가족 모두에게 전염을 시켰다. 부인과 아들, 딸 등 주위의 모든 가족들에게 일기쓰기를 전염시킨 것이다. 여기서 부모의 솔선수범보다 중요한 것은 없다는 교훈을 다시 한 번 절감할 수 있다. 톨스토이의 일기쓰기 습관이 가족 모두의 습관이 되었으니 말이다.

그 습관은 상상 이상의 힘을 발휘했다. 가족들은 일기를 쓰면서 서로를 더 잘 이해할 수 있게 되었고, 부모들은 자녀들을 올바르게 교육시키기 위해 노력하게 되었다. 실제로 톨스토이는 열세 명의 자녀를 두었는데 아들과 딸들은 일기쓰는 아버지를 본받아 거의 경쟁적으로 일기를 쓰며 아버지에 대한 존경심을 표현했다. 차남 일리야는 어느 날 일기를 통해 이렇게 말하고 있다.

"아빠는 우리에게 벌을 준 일이 거의 없다. 하지만 내 눈만 보고도 아빠는 내가 무엇을 생각하고 있는지 알았고, 나는 그것이 무서웠다. 나는 엄마에게는 거짓말을 했지만 아빠에게는 그럴 수가 없었다. 왜냐하면 아빠는 금방 알아차리기 때문이다. 그래서 우리는 아무도 아빠에게 거짓말을 하지 않았다."

초등학생 아이를 둔 우리나라 대부분의 부모들은 거의 매일 일기쓰기 때문에 아이와 실랑이를 벌인다. 잘 때가 되었는데 일기를 쓰지 않으니 부모 입장에서는 화가 나게 된다. 나는 이런 집안의 공통점을 알고 있다. 바로 부모 자신은 일기를 쓰지 않으면서 아이에게는 일기쓰기를 강요하는 것이다. 아이에게만 강요하지 말고, 온 가족이 같은 자리에 모여 일기를 쓰는 것을 습관처럼 만들어보자. 일기를 쓰면서 저절로 가족의 소중함을 느끼게 될 것이다. 부모가 먼저 실천하는 것보다 더 좋은 교육은 없다는 진리를 기억하면서 온 가족이 일기를 쓰며 서로의 소중함을 느낄 수 있는 기회를 만들자.

책임감을 갖고 모범을 보이라

 아이를 키우다 보면 '잘 자라던 아이가 갑자기 반항을 하고, 말을 듣지 않는 때'가 반드시 온다. 그런데 놀랍게도 아이가 반항심을 갖게 되는 최초의 계기는 부모에게 있다. 부모의 위선이 아이의 반항심을 키우는 것이다. 아이는 어떤 말이든 잘 흡수한다. 때문에 학교에서 들은 것과 집에서 들은 것이 다르면 혼란이 오기 시작한다. 또한 아버지와 어머니가 같은 상황에 대해서 다르게 말할 때도 혼란을 느끼게 된다. 부모의 일관되지 않은 태도가 아이를 망칠 수 있는 것이다.
 부모들은 대부분 아이들이 자신의 말을 듣지 않는다고 불평하지만 자세히 살펴보면 아이들이 부모의 말을 듣지 않는 것은 지극히 당연한 일이다. 부모들은 이런 생각을 갖고 있다.

"내 행동은 보지 말고, 내가 말하는 대로만 해라!"
"엄마니까 괜찮은 거야, 너는 안 된다. 어디서 버릇없게!"

부모들은 책을 읽지 않으면서 말로만 아이들에게 책을 읽으라고 하고, 드라마를 하루 종일 보면서 텔레비전을 보지 말라고 꾸중을 한다. 또한 자신의 말을 듣지 않으면 화를 내고 짜증을 낸다. 하지만 이런 상황은 아이에게 좋지 않다. 이런 상황이 지속되면 아이들은 벌을 받을 때 잘못을 해서 받는 게 아니라 자신이 상황 판단을 잘못하거나, 운이 나빠서 받는다고 생각하게 된다.

아이는 '아빠와 엄마가 만든 공동 작품'이라는 것을 늘 상기해야 한다. 한창 호기심이 많아진 아이가 엄마에게,
"엄마 오리는 그냥 걸어가는데 똑같이 날개가 달린 참새는 왜 날아요?"
라고 물었다고 하자. 대부분 아이들은 지적 궁금증에 대해서는 아빠에게 물으려는 경향이 강하다고 한다. 아이가 엄마에게 자주 묻는 것은 옆에 아빠보다 엄마가 자주 있기 때문이다. 이때 집안일이며 아이 뒤치다꺼리로 정신없는 엄마가,
"참새니까 날지!"라는 다소 황당한 대답을 한다면 이건 정말 차라리 대답하지 않는 게 좋을 정도로 황당한 교육이다. 이런 황당한 대답을 들은 아이는 더 이상 엄마에게 질문을 하지 않게 될 것이다.

아이들에게 성장의 무기는 밥이 아니라 질문이다. 그리고 그 무기가 제 힘을 발휘할 수 있게 하는 것이 부모와의 상호작용이다. 비록 아이가 황당한 질문을 하더라도,

"정말 대단한 생각을 했구나, 엄마도 잘 모르니까 우리 같이 알아볼까?"

정도의 대응을 하며 아이의 질문을 칭찬해주고, 성의 있는 대안을 마련해주는 자세가 필요하다.

결국 아이를 키우기 위해서는 아빠와 엄마의 역할이 병행되어야 한다. 아빠를 통해 지적호기심을 충족하고 엄마를 통해 사랑을 배울 때 아이는 비로소 완성된 인격체로 올바르게 성장할 수 있다.

물론 부모로서 일관된 모습을 아이에게 보여주는 것은 상당히 어려운 일이다. 하지만 아무리 노력을 해도 우리가 아이들에게 모범을 보이지 못하고 있다는 사실 또한 분명하다. 따라서 아이에게 절대적인 영향을 끼치는 것은 선정적인 영화나 TV, 컴퓨터가 아닌, 부모의 행동임을 절대 잊지 말아야 한다.

당신의 욕심을 줄이고 긍정의 에너지를 심어줘라

보통 부모들은 나이 서른 후반이 되면 이사를 자주 다닌다. 아이가 쑥쑥 커지면서 조금 더 큰 집으로 이사를 가기 때문이다. 물론 그건 아이를 더 쾌적한 환경에서 기르고 싶다는 아이에 대한 부모의 큰 사랑이다. 하지만 당신이 아무리 아이들의 공간을 넓게 만들어주었다 할지라도, 아이들이 깨어 있는 모든 시간을 지켜보고, 관여하려 한다면 아이들은 자신의 공간을 잃어버리게 될 것이다. 아무리 넓은 방이라도 아이의 공간은 하나도 없는 것이다.

당신이 아이를 위해 많은 장난감을 놓아준다면 아이들은 욕심이 사라질 것이며, 적은 장난감을 놓아준다면 당연히 소유욕이 늘어날 것이다. 당신의 욕심을 줄이고, 아이들의 자율성을 인정하고 보장해주는 자세가 필요하다. 아이들은 호기심이 많기 때문에 그만큼 시도해보고 싶은 일도 많을 수밖에 없다. 위험하지 않은 범위에서는 아이가 하고 싶은 일들을 마음껏 할 수 있도록 도와주자.

아이를 자신의 틀 안에서 움직이게 하려는 욕심은 자제해야 한다. 자녀를 하나의 독립된 인격체로 존중해줘야 한다. 누차 말하지만 아이는 부모의 소유물이 아니다. 또한 관계란 한 방향으로만 흐르지 않는다. 부모가 자녀를 존중해줘야, 자연스럽게 자녀가 부모를 존경하는 관계가 이루어지게 된다. 그러니 아이를 가두려고 너무 애를 쓰거나 무리하지 마라. 그리고 아이를 돌보고 난 다음에 쉬는 것을 두려워 말라. 깨어 있는 시간 내내 아이에게 무언가를 가르치려고 애를 쓰지 마라. 아이는 당신이 쉬고 있는 것을 보며 휴식이 무엇인지 배울 것이기 때문이다. 아이는 잘한 것에서도 배우지만 못한 것에서도 배운다. 또한 그건 아이 스스로 생각할 힘을 길러줄 수 있기 때문에 아이에게 더 많은 가르침을 준다.

또 하나, 항상 긍정의 에너지를 심어줘야 한다. 긍정의 힘은 놀랍도록 강력해서 아이의 인생 전체를 좌지우지 할 수 있는 영향력을 발휘할 수 있다. 그러므로 부모는 항상 아이들에게 '너는 특별한 아이'라는 말을 들려주어야 한다. 아주 간단하다. 아이에게 부정적인 태도를 보이면 아이는 부정적인 힘을, 긍정의 태도를 보이면 아이들은 긍정의 에너지를 전달 받게 될 것이다. 부모의 긍정의 에너지를 통해 아이들이 스스로 자기 자신을 귀

한 존재로 인식할 수 있도록 만들어줘라.

"도대체 너는 뭐 하는 애니, 넌 가만히 있는 게 엄마를 도와주는 거야!"라는 말을 자주 듣고 자란 아이들은 자신감을 키울 수도 없고, 자신이 한 일에 대해 책임감을 느끼지 못하게 될 것이다. 하지만 반대로 "네가 도와준 덕분에 일이 빨리 끝났구나, 다음에도 도와줄 거지?"라는 말은 자주 들었던 아이들은 자신감을 키울 수 있고, 어떤 일을 하든지 당황하지 않고 무리 없이 일을 끝낼 수 있는 잠재력을 가질 수 있을 것이다.

　외출 준비 때문에 바쁜데 아이는 부모의 생각만큼 빠르게 움직여주지 않는 경우가 종종 있다. 그땐 자신도 모르게 짜증이 나게 된다. 하지만 그 상황에서 잔소리는 금물이다. 아이는 늘 부모의 관심을 받고 싶어 한다. 바쁜데 아이가 게으름을 피우며 움직이지 않으려고 할 때 부모가 서두르라고 화를 내거나 잔소리를 하면 아이는 더 움직이지 않으려 든다. 아이가 스스로 '내가 늑장을 부리면 부모의 관심을 받는구나'라고 생각하기 때문이다. 또한 아이가 게으름을 벗어날 수 있게 만들기 위해서는 화를 내거나 체벌을 하는 것은 도움이 안 된다. 또한 빨리 움직이라고 말하는 부모가 정작 게으름을 부리며 여기저기를 어슬렁거리면 아이는 그 모습을 보며 부모가 거짓말을 하고 있다고 생각하게 된다. 그 기억은 아주 오래도록 잊

히지 않는다. 그래서 아이는 앞으로 부모가 서두르라고 말하면 그 말을 곧이곧대로 믿지 않게 된다. '에이, 이번에도 뭐 게으름 피우다가 지각하겠지', '이번에도 거짓말이겠지, 그냥 하는 말일 거야'라고 생각하며 부모의 말을 따르지 않게 된다. 결국 아이들의 빠른 움직임을 원한다면 부모 스스로 빈둥거리지 않고 빠르게 움직이는 태도가 필요하다. 아이가 움직이면 당신도 움직이겠다? 그건 아니다. 부모가 움직여야 비로소 아이도 움직이는 게 맞다.

부모는 감정을 조절해서 일관성을 유지하도록 해야 한다. 일관성을 유지하는 것이 교육의 첫 번째 단계이기 때문이다. 같은 상황임에도 부모의 기분에 따라 전혀 다른 기준이 적용된다면 이에 아이는 큰 혼란을 겪고 말 것이다. 불공정하다는 것을 배우게 될 것이다. 그래서 부모는 늘 같은 감정을 유지하고 있어야 한다. 회사에서 상사에게 생각지도 않았던 질책을 받았다고 해서 그 감정을 그대로 집으로 가지고 들어와 전과 다른 기준으로 아이를 교육시켜서는 안 된다. 그렇게 되면 아이는 상상하지 못했던 상황을 겪고 혼란을 느끼게 되므로 인성에 안 좋은 영향을 미치게 될 것이다.

인성이 좋은 아이로 키우고 싶은 부모라면, 아이가 말하고 행동하는 것보다 자신이 말하고 행동하는 것에 더 주의를 기울여야 한다. 부모 스스로 책임감 있게 행동하는 최고의 역할 모델이 되어야 한다. 부모가 기분에 따라 '이거 해라, 이게 뭐냐' 하고 가르쳐봐야 부모의 행동 자체가 아이에게 모범이 되지 않으면 아이들은 부모의 말을 따르려 하지 않을 것이다.

 부모의 말이 아이들에게 잔소리로 들리지 않게 지도하기 위해서는 부모 스스로 늘 자신의 감정을 일관되게 유지하고, 책임감 있게 행동하는 모습을 보여야 한다. 부모의 행동과 말이 곧 아이의 행동과 말이 되기 때문이다. 언제나 아이가 당신을 지켜보고 있다고 생각하고 방심하지 마라. 아이의 잘못은 모두 부모에게 있다. 부모가 충실하게 살면 아이 역시 당신처럼 충실하게 살 것이다.

아이 스스로 질문하도록 하라

당신의 학창시절을 돌아보라. 늘 수업 시간에 별 것도 아닌 것 같은데 참지 못하고 질문을 던지던 친구들이 있었을 것이다. 그 정도는 조금만 고민하면 쉽게 이해할 수 있을 것 같은데 굳이 질문을 왜 하는지 알 수 없었던 상황이 있었을 것이다. 하지만 그때마다 선생님들은 그 시시한 질문을 한 아이에게 '아주 좋은 질문'이라 말하며 치켜세워주며 아까운 쉬는 시간을 몽땅 써가며 질문에 대한 답변을 했다. 그런데 머지않아 놀랍게도 그렇게 시시한 질문을 던진 아이는 다른 아이들보다 훨씬 지식이 성장해 있음을 알 수 있다. 질문을 하고 답을 듣고, 다시 질문을 하는 사이에 그 하찮았던 질문은 거대한 지식이 되어 질문자의 머리에 쌓이고 있던 것이다.

무언가를 배우고 싶다면 그저 혼자 앉아서 이것저것을 살펴보는 것보다 스스로 질문을 하는 게 더 중요하다. 물어보는 것을 결코 주저하게 만들면 안 된다. 질문이 곧 아이의 지식이다.

아이가 만약 다른 나라에 대해서 알고 싶어 한다면 아이에게 대사관이나 영사관에 전화를 하도록 하라. 또한 방송국에 대해서 알고 싶다고 하면 방송국에 전화를 걸어 방청객으로 참여할 수 있는지 알고 싶다고 전화하게 하라. 그렇게 묻는 것을 습관처럼 만들어야 한다.

질문이 곧 발전이다. 철학 관련 분야에 대해서 공부를 한 사람이라면 누구나 알겠지만 철학 발전의 역사는 끊임없는 비판과 꼬리를 잇는 질문에 의해서 이루어져왔다. 제자가 스승의 철학에 질문을 더하고 더하여 자신의 의견을 내면 후대의 철학자는 다시 질문을 던진다. 이렇게 발전해온 철학은 시대마다 그 권위를 세워갔으며 사회적인 의식수준을 주도해갔다. 질문은 인간이 가질 수 있는 최대의 무기이다. 질문은 곧 생각이다. 생각함은 곧 한 걸음 내딛는 것을 뜻한다. 생각하지 못하는 사람은 금수와 다를 것이 무엇인가?

소크라테스는 자신이 무엇인가를 안다고 생각하는 사람에게 가서 계속하여 '왜?'라는 질문을 던진다. 소크라테스는 그 유명한 '산파술 대화법'으로 사람들로 하여금 스스로 아무것도 모른다는 것을 깨닫게 만든다. 질문이 가지는 힘은 실지로 위대하다. 당신이 던지는 질문은 당신의 수준을 결정할 것이다. 당신이 던지는 질문만큼 당신은 알게 될 것이고, 발전하게 될 것이다. 질문은 언제나 새로운 방향을 제시하기 때문이다.

　최근, 일곱 살에서 열다섯 살까지의 아이들에게 '왜 질문을 하지 않느냐?' 라는 주제로 설문조사를 실시한 결과 무려 74% 이상의 아이들이 이런 답변을 했다.

"어떤 질문을 해야 할지 모르겠다."

　사실 질문은 관심이다. 무언가에 관심이 있다면 저절로 질문할 것들은 생겨나기 마련이다. 그래서 대부분 공부를 잘하는 아이들은 질문이 많다. 그만큼 다방면에 관심이 많기 때문이다. 능동적으로 받아들이는 것과 수동적으로 받아들이는 것은 효과 자체가 다르다. 수동적으로 받아들이는 아이들은 문제에 대한 기억이나 인식 정도에 있어서 능동적인 아이들을 따라갈 수 없다. 그러므로 질문하지 않는 것은 매우 심각한 문제인 것이다. 만약 아무도 질문을 하지 않았다면 사회는 지금처럼 발전하지 못했을 것이다. 모든 것은 질문으로 시작된다. 물론 부모들 중에는 영재 교육에는 별 관심이 없어서 아이들에게 질문 교육까지 시킬 필요를 느끼지 못한다고 말할 수도 있다. 하지만 질문하지 않는 아이는 평범한 어른이 되는 것조차 힘들다는 것을 알아야 한다. 질문은 영재가 되기 위한 조건이 아니라 평범하게 살기 위한 최소한의 조건이기 때문이다.

아이가 질문하지 않는 이유는 호기심을 제때 충족시켜주지 못했기 때문이고, 그로 인해 질문을 하는 사고가 굳어져 버렸기 때문이다. 이런 문제를 해결하기 위해서는 우선 아이에게 질문이 얼마나 중요한 것인지 인식시켜줘야 하고, 대담하게 질문하고 생각할 수 있도록 지속적으로 동기유발을 시켜줘야 한다. 부모의 생각이나 의도를 무조건 강요하지 않도록 해야 한다. 초등학교에 입학하는 아이에게 '선생님 말씀은 무조건 잘 들어야 한다'고 말하기보다는 '선생님 말씀 잘 듣고, 혹시 궁금한 게 있으면 당당하게 손을 들고 물어보라'고 말해줘야 한다. 부모의 말이나 선생님의 가르침을 일방적으로 받아들이기만 한다면, 아이는 그저 시키는 것만 잘 해내는, 전혀 창의적이지 않은 성인으로 성장하게 될 것이다. 아이들에게 요구되는 것은 암기가 아니라, 다르게 생각하고 이해하는 능력이다.

공자의 말 중에 '지요至要는 막역교자莫如敎子'란 말이 있다. '자녀를 가르치는 것보다 더 중요한 일은 없다'는 뜻이다. 그런데 공자는 또 다른 글에서 '지난至難은 막역교자莫如敎子'라고도 했다. 즉, '자녀를 가르치는 것만큼 어려운 것도 없다'는 뜻이다. 그처럼 아이를 가르치는 것은 어려운 일이다. 또한 아이들은 우리가 생각하는 대로 되지 않을 때가 많다. 하지만 아이들이 우리가 생각하고 기대하는 것보다 빠른 진전을 보이지 않는다고 해서, 결코 개입을 중단하거나 포기해서는 안 된다. 아이를 교육함에 있어서 가장 중요한 것은 끊임없는 관심이기 때문이다.

존 F. 케네디John Fitzgerald Kennedy 대통령은 어린 시절 식사 시간에 만들어졌다. 최연소로 대통령에 당선된 케네디 가문의 자녀 교육 비결은 식탁에 있다고 해도 과언이 아니었다. 케네디 가의 식사 시간은 단순히 먹고 마시는 자리가 아니라 아이들이 앞으로 커서 꼭 필요한 인성을 기르는 자리였다. 식사를 하며 아이들은 식사 시간을 반드시 지켜야만 했다. 또한 음식을 깨작거리거나 노닥거리며 먹어서도 안 되었다. 식사 시간을 엄수하게 한 것은 어릴 때부터 시간 관리와 약속 시간을 철저하게 지키려는 의지를 교육시키기 위함이었다. 식사를 하며 어떤 이야기를 하는가도 중요하게 생각한 케네디의 어머니인 로즈는 아이들의 이야기가 핵심이 없는 잡담으로 흐를 때는 질문을 통해 아이들의 대화가 정상적으로 흐를 수 있도록 만들었다. 가령, 플로리다가 화제로 등장할 때 플로리다 주는 어떻게 그런 이름을 갖게 되었는지, 그 뜻은 무엇인지, 그 단어는 어느 나라 말에서 유래되었는지를 질문을 유도해나갔다. 질문을 반복하면서 처음에는 대답을 잘 하지 못하던 아이들도 질문과 대답에 익숙해지게 되었고, 다양한 지식을 쌓을 수 있게 되었다.

하지만 이런 대화를 통해 케네디의 부모가 얻을 수 있었던 가장 큰 것은 바로 아이들의 관심사였다. 부모가 아무리 아이들의 대화를 주도한다 할지라도 그안에는 반드시 아이들이 요즘 관심 있는 것들이 포함되어 있기 마련이다. 케네디의 부모는 늘 그것을 체크했고, 수용함으로써 아이들을 교육하는 데 요긴하게 쓸 수 있었다.

사소한 것의 결핍이 아이의 미래를 사소하게 만든다

　GE의 CEO로 취임한 이후 GE의 시가총액을 40배 가까이 키웠고 5년 간 11만 명 이상의 직원을 해고한 잭 웰치John Frances Welch Jr는 언론으로부터 '중성자탄 잭'으로 불리는 등 찬사와 비난이 엇갈린 관심을 받아왔다. 하지만 분명한 것은 관료적이고 보수적이었던 비대한 공룡 GE를 변모시켜 기업의 시장가치를 120억 달러에서 4500억 달러로 끌어올린 잭 웰치는 경영의 신으로까지 불린다는 것이다.

　그가 세계적인 기업가로 성장할 수 있었던 배경은 무엇일까?
　그가 지금의 위치에 오를 수 있었던 가장 큰 요인은 바로 어머니였다. 지금으로서는 상상도 하지 못할 일이지만, 어린 시절 그는 심하게 말을 더

듬어 매일 친구들로부터 놀림을 받았다.

'아직 어리니까, 곧 좋아지겠지'라는 마음을 가지고 조금 더 지켜볼 수도 있었지만 잭 웰치의 어머니는 그저 아이를 지켜보는 것을 선택하지 않고, 바로 아이의 행동을 바꾸기 위해 의기소침해 있는 잭 웰치에게 다가가 이렇게 말했다.

"잭, 너는 왜 네가 말을 더듬는 다고 생각하니?"

갑작스런 어머니의 질문에 당황한 그는 평소보다 더 말을 더듬으며 간신히 말했다.

"저…저…는… 자신감…이 부…족한… 것 같아요."

그의 더듬거리는 말을 들으며 그의 어머니는 조금도 당황하거나 화를 내지 않고 바로 이런 이야기를 했다.

"잭, 생각해보렴, 넌 엄마가 갑자기 너에게 말을 더듬는 이유를 물으니 머릿속으로 많은 생각을 했지? 바로 그거란다. 넌 누구보다도 머리가 좋기 때문에 말을 더듬는 거야. 머리가 좋아서, 머리가 생각하는 수많은 것을 네 혀가 다 못 따라가서 말을 잘하지 못하는 거야. 누구의 혀도 너의 똑똑한 머리를 따라갈 순 없단다."

잭은 그 후 놀랍게도 조금씩 말을 더듬는 버릇을 고쳐나갈 수 있었다. 그의 어머니는 아무리 사소한 것이라도 늘 이렇게 그의 결점을 수정하고,

고쳐나갈 수 있도록 이끌어주었다. 그리고 세월이 흘러, 잭이 살렘 고등학교 졸업반 시절, 아이스하키 팀의 주장을 맡은 적이 있었다. 어느 날 최대의 라이벌인 베버리고등학교와 예선전 마지막 경기를 펼치게 되었다. 그는 팀의 주장답게 멋진 실력을 보여주며 두 골을 넣었고 거의 승리를 예감했다. 하지만 막판에 상대 팀에게 두 골을 허용하는 바람에 경기는 연장전까지 갔고, 결국 잭의 팀은 아깝게 패배하고 말았다. 기대했던 우승이 좌절되자 화가 난 그는 하키스틱을 얼음판 위에 내동댕이친 뒤 라커룸으로 씩씩거리며 들어가 버렸다. 그때 경기를 지켜보며 응원하던 어머니는 잭의 화난 모습을 봤고, 그를 따라 라커룸으로 들어가 이렇게 혼을 냈다.
"잭, 넌 왜 화를 내는 거지?"

잭은 화가 채 풀리지 않은 목소리로 대답했다.
"그야, 우리 팀이 졌으니까요. 아, 정말 이길 수 있었는데…."

"잭, 네가 그것 때문에 화를 냈다면 그것은 어리석은 행동이란다. 넌 지금 진 거야. 이길 수 있을 거라는 생각은 버려야 한다. 패배를 인정할 줄 모른다면 넌 결코 멋지게 승리하는 방법 또한 알 수 없단다. 이걸 이해하지 못한다면 넌 평생 이길 자격이 없어."
그의 어머니는 그랬다. 그가 실수를 하게 되면 무슨 일이든 올바르게 조정을 했고, 맡은 일을 완벽하게 수행하도록 길잡이가 되어주었다. 결국 그만큼 완벽하게 사소한 결점들을 수정하고 보완해주었기 때문에 지금의 잭 웰치가 존재할 수 있었던 것이다. 결국 잭 웰치의 경영 신념은 모두 그의 어머니에게서 나온 것이다.

아무리 사소한 것이라도 제때 치료하거나, 수정해주지 않으면 그것은 세월이 흘러 절대 지워지지 않는 얼룩이 되어버린다. '깨진 유리창 법칙'이란 범죄학자인 제임스 Q. 윌슨과 조지 L. 켈링이 1982년 발표한 이론이 그것을 증명해준다.

유리창이 깨진 건물이 있는데, 이상하게 그 깨진 유리창은 오랜 시간이 흘러도 새로운 유리창으로 대체되지 않고 있다. 깨진 그대로 방치되고 있는 것이다. 그렇게 되면 사람들은 그 건물을 주인이 방치하고 있다고 생각하게 된다. 건물 주인이 깨진 유리창에 관심을 기울이지 않고 방치하고 있다면, 강력범죄에 대한 대비 역시 미비하리라 짐작할 수 있다. 그리고 지나가는 사람들은 이 건물은 '아무도 관심을 갖지 않는다. 당신 마음대로 해도 좋다!' 라는 인식을 하게 된다. 후엔 건물 하나가 부랑자나 범죄자들에게 점령당하고 나면 한 마을이 슬럼화 되는 것도 시간문제다. 결국 사소한 문제가 도시 전체를 쓸모없게 만들어버린 것이다.

내 아이에게 깨친 유리창은 없는지 그것을 늘 살펴보고 있다면 그것이 아무리 사소한 문제라 할지라도 세월이 흘러 지워지지 않는 얼룩이 되기 전에 바로 수정해주고 보완해줘야 한다. 보완을 가능케 할 질문을 꾸준하게 발굴하는 것이 아이의 미래를 희망차게 만들 수 있는 지름길이다.

보통 우리는 아이들에게 매일 일기를 쓰라는 말을 자주 한다. 그런데 혹시 당신은 '왜 일기를 쓰는지, 일기를 쓰면 뭐가 좋은지', 그 효과를 제대로 알고 있는가? 자신이 효과를 알지 못하고 그냥 남들도 다 하니까 아이들에게 일기를 쓰라고 하는 건 올바른 형태가 아니다.

내가 일기를 쓰라고 하는 건 일기를 쓰는 게 글쓰기를 위한 연습이 될 수도 있겠지만, 여기에서는 질문을 통한 잠재력의 확신을 위해서 쓰일 수 있다. 일기를 쓴 아이들은 쓰지 않은 아이들보다 생활 속에서 더 많은 재미를 찾았고, 그 재미를 꾸준하게 유지하는 경향을 보인다. 일기를 쓰기 위해 더 많은 것을 보고 생각하는 능력을 길렀기 때문이다.

이를 통해 우리는 아이에게 숨겨진 재능을 발견하는 것보다 이미 발견한 재능을 확산시키는 것이 더 중요한 점이라는 것을 알 수 있다. 재미 역시 마찬가지다. 아이가 즐거워하는 것을 발견했지만, 그게 한순간에 끝나는 재미라면 소용없다. 가령 그 재미의 대상이 피아노 연주라고 생각해보자. 아이가 꾸준히 피아노에 재미를 느낄 수 있게 유지시켜주기 위해서는 매일 스스로 자신의 하루를 돌아보며 '피아노에 대한 재미'에 관한 일기를 작성하도록 해야 한다. 아이가 일기를 더 잘 쓸 수 있게 이런 질문을 던지며 도움을 주면 좋다.

"오늘은 어떤 곡을 연주하며 즐거웠니?"
"내일이 오면 연주하고 싶은 곡은 뭐야?"
"연주하면서 너는 어떤 생각을 해?"

보통 아무런 주제가 없는 일기는 아이들이 별 무리 없이 자주 쓰지만 재미에 대한 느낌을 일기로 쓰라고 하면 분명 잘 써내지 못할 것이다. 그래서 부모의 질문이 아이가 일기를 쓰는 데 결정적인 역할을 한다. 부모는 아이들에게 궁금증을 유발하고 호기심을 자극하는 부분을 이끌어주어야 한다. 위의 질문들은 재미에 대한 일기를 쓸 수 있도록 만들 수 있는 질문들이다.

결과적으로 아이는 일기를 통해 자신이 좋아하는 일에 대한 흥미를 오래도록 유지할 수 있게 될 것이고, 그걸 통한 반복된 일기쓰기를 통해서 일기 자체에 대한 흥미까지도 가지게 될 것이다.

한국의 지하철을 타면 1000원짜리 물건을 파는 장사꾼들을 매일 볼 수 있다. 하지만 이것은 우리나라만의 풍경만은 아니다. 파리 지하철을 타도 가끔 '장사꾼'을 만날 수 있다. 하지만 그들은 대부분 파리시에서 허가받은 '지하철 전속 음악사'들이다. 예술의 도시답게 그들은 인형극도 보여주고 연주도 하는데 승객들의 반응은 대부분 긍정적이다. 그 답으로 승객들은 가끔 돈을 주는 경우가 있는데 돈을 주는 경우는 어떤 기준이 있는 거는 아니고 그때 자신의 기분에 맞춰 그들의 연주가 마음에 들었든지 인형극이 너무 재미있어서 이 정도 돈이면 아깝지 않다고 생각되면 주게 된다.

보통 그들은 연주가 끝나면 아무 말 없이 지하철 내부를 지나가며 돈을 받는다. 하지만 어떤 연주가 하나가 연주가 끝나자 입을 열고 자신의 이야기를 하기 시작했다.

"저는 구조조정으로 회사에서 퇴출을 당하고, 이렇게 여러분 앞에서 음악을 연주하고 있습니다. 집에는 와이프가 있고, 사랑하는 딸이 하나 있습니다. 오늘 제가 얼마만큼의 돈을 가져가지 못하면 우리 가족은 아무 것도 먹지 못합니다. 그러니 도와주십시오."

지하철에서 그런 멘트는 너무나 평범한 것이었다. 분명 가련하고 안타까운 건 사실이지만 그 정도의 임팩트로 승객들의 마음은 움직이지 않았다. 하지만 승객들을 휘어잡은 것은 그의 다음 멘트였다.

"사실 저에겐 꿈이 있습니다. 제 딸은 그림을 참 잘 그립니다. 그런데 지금 제겐 딸에게 물감과 스케치북을 사줄 여유도 없습니다. 그렇습니다. 제 꿈은 딸의 꿈을 이루어 주고 싶은 것입니다. 딸이 원하는 만큼 그림을 그리고, 마침내 자신의 꿈을 이루는 순간을 보는 것이 제 꿈입니다. 그 꿈이 아니었더라면 저는 구조조정을 당했을 때 삶을 포기했을지도 모릅니다. 하지만 저에게 돈을 주기 싫은 분들께서는 대신에 작은 미소를 주세요. 그것만이라도 저는 여전히 꿈을 꾸며 행복하겠습니다. 돈이든 미소든 정말 고맙게 받겠습니다."

열차 안에서 더 이상 그를 장사꾼으로 바라보는 사람은 없어졌다. 모든 승객이 그를 응원했고, 돈이 아니더라도 따뜻한 말 한마디를 건네며 소중한 꿈을 잃지 말라며 격려했다. 파리의 삭막한 지하철이 꿈을 싣고 가는 꿈의 열차로 달리진 건 그 짧은 한순간 덕분이었다.

그처럼 꿈은 소중한 것이다. 모든 것은 꿈으로 시작된다. 그러므로 우리가 아이를 키울 때 기억해야 할 것은, 성공자의 몸은 장작개비처럼 깡말랐지만, 꿈의 복근은 천 년을 견뎌낸 나무의 나이테처럼 선명했다는 것이다. 그러므로 삶의 결정적인 순간 내 아이를 돕는 것은 몸의 근육이 아니라 꿈의 근육이라는 사실을 명심해야 한다. 몸의 근육을 키우기 위해 헬스장에서 땀을 흘리는 것만큼 당신의 아이의 꿈의 근육을 키우기 위한 시간을 만들고 투자하는 게 중요하다. 공부도 좋고, 피아노를 잘 연주하는 것도 좋다. 하지만 그 모든 것을 움직이는 동력의 근원은 바로 '꿈'이라는 것을 기억해야 한다.

TIP 아이와 엄마가 함께 읽고 생각하는 **위인을 만든 질문**

곤돌리자 라이스 전 미국 국무부 장관의 자부심을 키우는 질문

　　1989년 지중해상의 섬나라 몰타에서 열린 미소美蘇 정상회담은 오랜 냉전의 역사에 종지부를 찍은 기념비적인 사건이었다. 회담 첫날, 부시의 소개로 미국 대표들과 차례로 악수를 나누던 고르바초프는 낯익은 '노장'들 속에서 앳된 얼굴의 흑인 여성을 발견하고 깜짝 놀랐다.

　　"도대체 폭탄과 총알만 없는 이 전쟁터에 웬 소녀가 끼어든 거야?"

　　소련 지도자들은 내심 그런 눈치였다. 미국 대표들에게서도 '실무경험 없는 대학교수 출신이 과연 잘 해낼 수 있을까' 하는 의혹과 불안의 시선이 엿보였다. 그러나 그녀는 최고의 러시아 전문가로서 제 역할을 해냈고, 이후 대통령의 절대 신임을 받게 된다. 훗날 고르바초프는, "그녀는 내가 아는 소련의 모든 것을 말하고 있었다."며 찬사를 아끼지 않았다고 한다. 그녀가 누구인지 아는가?

바로 콘돌리자 라이스 미국 국무부 장관이다.

미국 잡지 〈포브스〉가 뽑은 '세계에서 가장 영향력 있는 여성'이며, 2002년 미국 시사주간지 〈뉴스위크〉 선정 '세계에서 가장 유명한 흑인 여성'으로 뽑혔다. 외부에서 바라볼 땐 그녀가 별 무리 없이 지금의 자리에 오른 것 같아 보이지만 사실 그녀의 걸어 온 길은 순탄치 않았다.

그녀는 2001년 9.11테러 이후 행정부 안에서 강경 보수파를 이끌었고, 이라크 전을 치르면서 수많은 곤경에 처했지만 단 한 번도 굴복하지 않았다. 9.11 테러 이후 '테러와의 전쟁'을 추진하는 과정에서 핵심 역할을 해 온 라이스는 자신의 입장을 드러내기보다는 의견조정자로서 보이지 않는 역할을 해왔다. 부시 행정부의 강경파와 온건파가 대립할 때면 라이스는 부시 대통령에게 양측의 의견을 모두 전달해 대통령이 최종 결정을 하도록 했다. 비난이 따라다닐 수밖에 없었다. 콜린 파월 등 온건파는 그녀가 딕 체니 부통령에게 눌려 지냈다고 혹평했다. 소녀와 같은 감수성으로 국제문제를 다룬다는 평가도 나왔다.

하지만 그녀는 침착하게 비난을 극복했다. 이라크 사태악화로 부시 대통령이 고전할 때마다 그녀는 방송에 출연해 부시의 외교정책을 옹호했다. 라이스를 '콘디Condi'라는 애칭으로 부르는 부시 대통령은 그녀에게 '언스티커unsticker'라는 별명을 붙여주기도 했다. 자칫하면 문제가 많아질 수 있는 sticky 이라크 문제들을 잘 해결해준 것이 라이스였기 때문이다.

남자도 견디기 어려운 전쟁과 같은 죽고 죽이는 상황에서 그녀가 모든 문제를 침착하고 냉정하게 잘 풀어나갈 수 있었던 까닭은 무엇일까? 무엇이 그녀에게 그런 능력을 만들어준 것일까?

그녀의 눈부신 성공 뒤에는 교육자였던 그녀의 부모는 어린 시절부터 자식에 대한 끝없는 사랑과 관심, 그리고 칭찬이 있었다. 부모님은 그녀에게 모든 기회를 제공했다. 그녀가 무엇을 하든지 반드시 성취할 것이라 믿었다. 부모의 전폭적인 지원과 믿음은 어린 딸에게 무한한 자부심과 성취욕을 심어주는 든든한 토양이 됐다. 그런 덕분에 그녀는 모든 것을 포기하지 않고, 자기가 가진 최선을 다할 때까지 포기하지 않는 능력을 가지게 되었다. 그래서 그녀는 힘들 때마다 자연스럽게 이런 질문을 던지는 법을 알게 되었다.

"이게 나의 최고의 모습인가?"

그녀의 부모는 그녀가 난관에 봉착하거나, 힘겨운 상황에 처했을 때 그녀를 돕는 대신 이런 질문을 던져 그녀를 자극시켰다.

"라이스, 지금까지 네가 한 것이 최선의 네 모습이니, 조금 더 힘 낼 수 있지 않을까?"

 결국 라이스의 능력을 최고로 키워준 것은 그녀를 향한 부모의 질문의 힘이었다. 덕분에 그녀는 평생 최고를 지향했으며, 마침내 정상에 올라섰다. 하지만 더욱 놀라운 것은 라이스가 열 살 때 일어났다. 그녀는 스스로의 미래를 예견하였다. 부모와 함께 전국을 여행하던 중 백악관에 들른 라이스는 건물 외관을 찬찬히 응시하다 이렇게 말했다.

 "아빠, 제가 백악관을 밖에서 구경해야 하는 건 피부색 때문이에요. 두고 보세요, 전 반드시 저 안으로 들어갈 거예요."

 25년 후 그녀는 부시 전 대통령의 외교정책 보좌관으로 당당히 백악관에 입성한다. 자기 분야에서 늘 최고가 되기를 갈망했던 그녀였고, 백악관 입성과 함께 그 꿈은 실현됐다. 물론 질문의 역할이 그 정도에서 끝난 건 아니다. 그녀를 만든 질문은 또 다른 방면에서 그녀를 키웠다. 얼마 전 그녀는 미국의 건강 잡지 〈피트니스Fitness〉와의 인터뷰에서 "운동을 하려고 나처럼 매일 새벽 4시30분에 일어나는 사람은 많지 않을 것"이라며 "어떤 날에는 새벽 4시에 일어나기도 한다"고 말했다. 그는 "이 점이 내 운동 방식의 가장 특이한 점"이라고 덧붙였다.

 하지만 내가 집중한 곳은 바로 다음 대목이다. 라이스는 "어떤 날은 피곤해서 '오늘은 할 수 없을 것 같은데?' 라는 생각이 들 때도 있지만, 마음속으로 질문을 바꿔서 '오늘도 할 수 있지 않을까?' 라고 외치면서 생각을 바꾼다"고 말했다. 그녀는 운동을 하는 것 역시 할 수 있다는 최고의 마음 상태로 임하는 것이었다.

어떤 일을 대할 때 '지금은 시간이 없어', 혹은 '그건 무리야' 라는 마음으로 일을 대하면 그 사람의 인생에서 그 일은 평생 못하는 일이 되어 버린다. 평생 지각 인생을 살게 될 것이다. 하지만 '할 수 있다' 라고 생각하면 그 일은 평생 손쉽게 할 수 있는 일이 되는 것이다. '할 수 있다' 라고 적극적인 마인드를 가진 사람과 할 수 없는 이유를 찾으며 평생 게으르게 살아가는 사람의 실력은 날이 갈수록 벌어져 나중엔 돌이킬 수 없을 만큼 큰 차이가 나는 것도 자명한 사실일 것이다.

지금 부모의 질문에 아이의 평생이 달려 있다고 생각할 수도 있다. 내 아이를 평생 인생에 끌려가며 그저 조직의 직원으로 살 것인가, 아니면 자신을 고용하여 하여 진정한 사회인으로 키울 것인가. 선택은 부모인 당신에게 있고, 실천은 오늘부터다.

★ 아이와 함께 하는 질문 테스트 ★

어린이 여러분, 어린이 여러분은 어떤 일을 했을 때 너무 힘들었던 적은 없었나요? 있다면 그것은 무엇인가? 생각나면 아래에 적어보세요. 선생님 같으면 이렇게 적을 거예요.

김연우 (잠을 자고 싶은 데 오늘 꼭 해야 할 일이 있어 잠을 줄여가며 일을 해야 할 때)

☐ (   )

자, 힘들었던 순간을 적었으면, 이런 질문을 한번 던져볼까요?

"나는 그때 최선을 다 했는가? 조금 더 잘 할 수 있지 않았을까?"

이 질문을 하면서 우리는 힘들 때 조금 더 할 수 있는 인내력을 키울 수 있을 거예요. 세상에 하지 못할 일은 없답니다. 가능성은 우리 몸에 있는 게 아니라 마음속에 있지요. 그 마음을 밝히고, 좀 더 크게 만들기 위해 우리 조금 더 노력해요.

"아이를 현명하게 키우고 싶다면 늘 결과를
상기시키는 질문을 던져줘야 한다…… 현명하게
선택한 행동과 그렇지 못한 행동이 각각 불러올
인과관계를 아이에게 보여주자."

PART 4

내 **아이**의 **미래**가 바뀌는 **기적의 질문법** 9

자신감을 키우는 질문
자부심을 키우는 질문
현명함을 키우는 질문
올바른 태도를 키우는 질문
적극성을 키우는 질문
끈기를 키우는 질문
자립심을 키우는 질문
용기를 키우는 질문
정직을 키우는 질문

"유달리 잘하는 것도 없고, 특별히 좋아하는 것도 없고, 그렇다고 친구가 많이 있어서 활달하게 생활을 하는 것도 아니다."

혹시 당신의 아이가 위에 나열한 부분에 속한다면 아이가 무기력증이 아닌지 의심해봐야 한다. 공부든 일이든지 간에 가장 나태해지기 좋은 조건은 무기력이다. 보통 아이들은 겨우 10분의 자유시간이 생겨도 이것저것 하느라 분주하다. 시간은 짧은 데 하고 싶은 일은 너무나 많기 때문이다. 그런데 만약 당신의 아이는 늘 가만히 앉아서 TV를 보거나, 아무 일도 하지 않는다고 생각이 된다면 일단 아이의 무기력증을 의심하고, 아이에게 자신감을 키워주는 것이 급선무이다.

단순하게 생각해보자. 아이들이 TV를 벗어나지 못하는 이유는 아주 단순하다. TV는 가만히 있어도 나를 즐겁게 만들어주지만, 공부나 다른 것들은 가만히 앉아서 되는 게 아니기 때문이다. 즉, 하고자 하는 의욕이 없는 상태에서는 스스로 적극적인 흥밋거리를 찾지도, 느끼려 하지도 않기 때문에 그저 수동적인 태도로 일관하게 되고 결국 아무 것도 하지 않게 되는 것이다.

이런 아이들의 마음이 공감이 되지 않는다면 당신의 삶을 한번 돌아보라. 당신은 삶에서 재미를 느끼고 있는가? 주말 드라마에 빠지거나, 아무 의미 없이 술을 마시거나, 주말이면 낮잠에 사활을 걸진 않는가? 우스운 이야기지만, 아이들이나 어른이나 삶에서 재미를 느끼지 못하면 TV에 빠지거나 아무것도 하지 않게 되는 건 마찬가지다. 낮잠이나 드라마를 보는 게 나쁘다는 것은 아니다. 하지만 이제 한참 자라고 있는 아이들이 가만히 앉아서 시간만 보내는 것은 정말 안타까운 일이다. 아이들은 TV가 아닌 삶의 건강한 즐거움을 느껴야 한다.

무기력에 빠지게 되면, 다른 기능들이 떨어지게 되어 아이는 학교에서 친구들과 잘 어울리지 못하고 혼자만의 세상에 빠지게 될 수도 있다. 무기력한 아이는 아무 것도 이뤄낼 수 없다. 그러다 점점 인터넷에 의존하게 되고, 흔히 말하는 온라인게임 중독, 컴퓨터 중독에 빠지기 쉽다. 또한 아이들은 부모에게 쉽게 자신의 고민을 말하지 못하기 때문에 무기력은 초등학교에서 중학교를 지나 성인이 될 때까지 이어질 수 있는 가능성이 크다. 그렇게 때문에 아이들의 삶에 의욕을 불어 넣어줄 재미를 찾아줘야 한다. 현실에서 아이들이 만족할 수 있을 만한 재미를 찾아주기 위해서는 어떻게 해야 할까?

다음은 아이들의 과거와 미래의 즐거움을 위해 던질 수 있는 질문과 대화다. 과거 누구와 어떤 일을 하며 즐거움을 느꼈고, 앞으로 모든 게 허락된다면 어떤 일을 가장 하고 싶은 지를 파악할 수 있다. 이를 통해 아이들은 자기가 좋아하는 것들을 다시 생각해낼 수 있고, 부모는 아이가 어떤 일을 하며 재미를 느끼는지를 정확하게 알 수 있는 기회를 가질 수 있다.

▎자신감을 키워주는 대화법 알아보기 ▎

엄마: "요즘 들어 정훈이가 많이 힘이 없어 보이네. 무슨 일 있니?"
아이: "아니요, 그냥 아무것도 재미가 없어서요."
엄마: "왜 그런지 생각해봤니?"
아이: "글쎄요, 별로 하고 싶은 게 없어서 그런 거 같아요."
엄마: "그래? 그럼 정훈이가 가장 자신이 있는 거 딱 하나만 고르라면 무엇일까?"
아이: "음… 퍼즐 맞추기요."
엄마: "퍼즐 맞추기? 왜?"

아이: "저번에 친구들하고 퍼즐 맞추기 게임을 했는데 제가 제일 빨랐거든요."

엄마: "그래? 퍼즐 맞추기는 우리 아들이 최강이구나! 그럼 퍼즐 맞추기는 챔피언이 되었으니까 앞으로는 어떤 걸로 새로운 챔피언에 도전해볼까?"

위의 질문을 반복하다보면 아이는 또 다른 재미와 즐거움을 찾기 위해 스스로 생각하고 노력하게 된다. 이런 과정을 통해 아이는 또 다른 대상이나 상황을 찾아 나름의 시도를 하게 되고 이는 곧 새로운 도전에 가장 기본 전제가 되는 자신감의 내적 축적으로 이어질 것이다.

| 비극을 키우는 대화법 |

엄마: "너 요새 만날 왜 그렇게 축 처져있니? 노인네처럼…."
아이: "아무것도 재미가 없어서요."
엄마: "재미는 네가 스스로 만드는 거지, 누가 대신 놀아준다니? 뭐 잘하는 게 있나, 좋아하는 게 있나… 만날 방바닥에 붙어 뒹굴기나 하고… 너도 다른 애들처럼 밖에 나가서 놀든가, 뭐 다른 걸 좀 하든가 하란 말이야. 아휴, 속상해!"
아이: "(침울)……."

어떤 일을 하든지 가장 중요한 것은 그 일을 하고 있는 사람이 일에 대해 얼마나 자부심을 갖고 있느냐다. 일에 자부심이 있다면 그 일이 제아무리 초라할지라도 더 잘하기 위해 노력할 것이고, 자부심이 없다면 아무리 화려한 일이라 할지라도 결과가 허망해질 것이기 때문이다. 그래서 아이들에게는 아이가 어떤 사소한 일을 할지라도 그 일을 할 때 그 일이 얼마나 중요한 일인지를 알려주는 게 필요하다. 그래야 그것이 모여 자신에 대한 자부심으로 발전할 수 있기 때문이다.

하지만 아이에게 자부심을 갖게 만들어준다고 굳이 모든 초점을 아이에게 맞출 필요는 없다. 자부심이란 스스로 생기는 게 아니라 남을 보며 판단하며 생기는 것이다. 남의 일을 존중하는 아이가 자신의 일에 대해서도 자부심을 갖게 되는 이치와 같다. 그래서 아이에게 자부심을 갖게 만들기 위해 가장 먼저 해야 할 일은 다른 사람이 하는 일을 인정하고 그것을 중요한 일이라고 인정하게 만드는 것이다.

청소 하는 일을 쓸데없고, 하찮은 일이라고 생각하는 아이는 커서 환경 미화원을 업신여기거나 그 직업에 대해 나쁜 선입관을 가지게 될 수 있다. 그래서 가정에서 행해지는 어떤 일이든 소중한 것이며 존중받아야 하는 일이라는 것을 알려줘야 한다.

자부심을 키워주는 대화법 알아보기

초등학교 4학년인 동현이는 학교에서 돌아오면 늘 허물을 벗듯 옷을 벗고 다른 새 옷으로 갈아입자마자 밖에 나가 논다. 이런 동현이의 행동에 변화를 주고 싶다면 일단 빨래를 하는 일에 대한 중요함을 알려야 한다.

엄마: "동현아, 아침에 입은 새 옷인데 또 갈아입으려고?"
아이: "엄마가 매일 빨래하잖아요."
엄마: "동현이는 엄마가 빨래하는 것을 아주 하찮은 일이라고 생각하는 것 같은데?"

아이: "그냥 엄마가 늘 하던 일이잖아요. 별것도 아닌 일 같고…"

엄마: "세상엔 별것도 아닌 일은 없어. 동현이가 새 옷을 입고 밖에 나가는 게 중요하다고 생각하고 행동하는 것처럼 벗어놓은 옷을 빨아야 하는 엄마에게도 빨래는 무척 중요한 일이야."

아이: "그렇다고 제가 빨래를 해야 하는 건 아니잖아요."

엄마: "엄마는 동현이가 빨래를 하라는 게 아니야. 단지, 동현이가 별것 아니라고 생각한 일들이 알고 보면 굉장히 중요한 일이 될 수 있다는 거지. 만약에 엄마가 빨래를 해주지 않으면 동현이는 어떻게 될까?"

아이: "지금처럼 자주 옷을 갈아입지 못하겠죠. 아침에 입던 옷을 계속 입게 될 거구요."

엄마: "그래, 맞아. 그래서 엄마는 새 옷을 좋아하는 동현이가 누구보다 빨래하는 걸 더더욱 중요하게 여겨야 한다고 생각해. 대신 엄마도 매일 빨래하는 건 많이 힘드니까 내일부터는 너무 자주 새 옷으로 갈아입지 않으면 고맙겠구나."

변호사, 의사, 외교관, 또는 환경미화원이 되든지 중요한 건 무엇이 되느냐가 아니라 '그 일에 얼마나 큰 자부심을 갖고 있느냐'다. 지금 당신이 키우고 있는 아이가 나중에 어떤 직업을 갖고 살지는 아무도 알 수 없다. 다만 아이가 나중에 무슨 직업을 선택하든지 자신의 일에 자부심을 갖고 있다면 아무리 사람들이 알아주지 않는 직업이라 할지라도 그 일에서 최고의 능력을 발휘할 수 있을 것이다.

| 비극을 키우는 대화법 |

엄마: "얘가 오늘 또 학교에서 오자마자 새 옷으로 갈아입네?"

아이: "엄마가 매일 빨래하잖아요."

엄마: "야, 엄마가 빨래하는 사람이니! 너 빨래하는 하는 게 얼마나 힘들고 귀찮은 지 알아?"

아이: "엄마가 하던 일이잖아요. 별것도 아닌 걸 갖고 괜히 그래…."

엄마: "이 녀석이 지금 뭐라고 하는 거야! 야, 새 옷 입고 싶으면 이제부터 네 옷은 네가 빨아 입어! 엄마는 이제부터 네 옷 안 빨 거니까. 하여튼 지만 생각해… 나쁜 놈!"

아이: "(휙 나가버리면서 소리친다) 알았어요! 안 갈아입으면 될 거 아니에요!"

아이가 떼를 쓰거나 말썽을 부리면 그저 아무 이유 없이 심술을 부리는 것이라고 생각할 수 있으나 사실은 그게 아니다. 몸이 작을 뿐, 아이 역시 작은 인간이다. 그렇다고 아이에게 낙인을 찍어서는 안 된다. 부모가 친척에게 자신의 아이를 소개하며 '이 아이가 원래 수줍음이 많아요'라고 말해버리면 그때부터 아이는 정말 자기가 그런 존재라고 생각하고 그렇게 된다. 분명 그렇게 심하지 않은 수줍음이라 언제든지 부모의 지도에 따라 성격을 고칠 수 있는 여지가 있는데 부모의 낙인을 찍는 그 한마디 말에 아이의 성격이 결정돼버리는 것이다.

현명함을 결정짓는 요인도 그와 다르지 않다. 부모가 보기엔 아이들이 현명하지 못하게 행동하는 것 같아서 장난스럽게 '넌 왜 이렇게 바보처럼 구는 거니'라고 말한다면 아이는 상처를 입고 자신이 정말 바보라고 생각할 지도 모른다. 부모에게 그 말을 들은 날 우연히 학교에서도 친구에게 같은 말을 듣게 된다면 그 충격을 더욱 심할 것이다. 그러므로 아이를 현명하게 키우고 싶다면 일단 부모가 입 조심을 해야 하고, 결과를 상기시키는 질문을 던져줘야 한다. 현명함이란 주로 선택의 결과일 경우가 많다. 이것과 저것을 해야 하는데 뭘 먼저 하는 게 좋을지 혹은 어느 것을 포기하고 하나만 하는 게 좋을지를 선택하는 경우가 많다.

현명함을 키워주는 대화법 알아보기

엄마: "수민아, 지금 숙제해야 한다면서 TV를 켜놓았네?"
아이: "괜찮아요, TV는 우리나라가 축구를 하는 데 그냥 결과만 보려고 킨 거니까 걱정하지 마세요."
엄마: "보지는 않아도 TV 소리는 계속 들릴 텐데? 숙제하는 데 방해가 안 될까?"
아이: "아니요, 신경 안 쓰면 돼요."
엄마: "수민아, 혹시 지금 우리나라 축구팀이 MP3로 음악을 들어가면서 경기를 하면 어떻게 될까?"
아이: "말도 안 돼! 음악을 들어가면서 어떻게 축구를 해요?! 질 게 뻔하

죠."

엄마: "아무래도 그렇겠지? 그럼 지금 수민이가 해야 할 가장 중요한 일은 뭐라고 생각해?"

아이: "숙제요…."

엄마: "그래, 아무리 TV 소리에 신경을 쓰지 않는다 해도 수민이가 숙제에 집중하는 데에는 도움이 되지 않을 거라고 생각해. 오히려 집중해서 숙제를 빨리 끝내면 TV로 축구를 볼 수도 있을 거야. 어떤 게 좋을까?"

아이를 현명하게 키우고 싶다면 늘 결과를 상기시키는 질문을 던져줘야 한다. 해야 될 일과 하고 싶은 일을 정리하는 것도 중요하다. 그리고 해야 할 일을 선택했다면 마무리까지 열심히 할 수 있도록 만들어줘야 한다. 현명하게 선택한 행동과 그렇지 못한 행동이 각각 불러올 인과관계를 아이에게 보여주자. 그 행동의 피해자는 자기 자신이며 어떤 결과를 맞이하게 되는지 보여주자.

비극을 키우는 대화법

엄마: "숙제한다면서 TV는 왜 켜놨어?"

아이: "괜찮아요, 우리나라가 축구를 하는데 그냥 결과만 보려고 킨 거

니까 걱정 마세요."

엄마: "너 지금 그게 말이 된다고 생각하니? 세상에 어떤 바보가 TV를 켜놓고 숙제를 하냐고~!"

아이: "아니요, 그냥 신경 안 쓰면 된다니까요."

엄마: "잔말 말고 너 지금 당장 TV 안 끄면 엄마한테 아주 혼날 줄 알아! 빨리 안 꺼!"

아이: "(인상을 팍 쓰며) 알았어요. 끄면 되잖아요!"

아무리 사소한 약속이라도 어김없이 지키는 성실한 태도나, 어떤 일을 하더라도 늘 열정적으로 일하는 태도는 가정이나 학교, 회사 어느 곳에서든 그 무엇보다 중요하다. 따라서 올바른 태도는 아이들이 살아가면서 지녀야 할 소중한 가치 중 하나다.

특히 어른들에게 불손한 태도를 가지고 있는 아이들은 스스로 잘못을 고쳐나갈 수 있도록 이에 맞는 질문을 던져줘야 한다. 어른의 질문에 대한 아이의 대답이 공손하지 못할 때는 아이에게 '다시 한 번 말해보자'라고 하고, 아이가 격식을 차려 제대로 말을 할 때까지 계속해서 같은 일을 반복하면서 조금씩 고쳐 나가야 한다. 이 방법은 아이의 연령에 상관없이 모두 해당된다.

┃**올바른 태도를 키워주는 대화법 알아보기**┃

이제 초등학교에 입학한 미현이는 유독 책상 정리를 하지 않아서 보다 못한 아버지는 미현이와 '이틀에 한 번 책상을 깨끗하게 청소하는 것'을 약속을 했다. 처음 몇 주 정도는 약속을 잘 지켜서 책상이 깨끗했었는데 시간이 지날수록 조금씩 약속을 지키지 않더니 석 달이 지난 지금은 아예 책상을 정리할 생각조차 하지 않는 미현이를 바라보며 아버지는 한숨만 내쉬었다.

아빠: "미현아, 요즘엔 책상을 잘 안 치우는구나."
아이: "조금 있으면 또 어질러질 텐데요, 뭐…."
아빠: "그래도 아빠랑 한 약속은 지켜야지 않겠니?"
아이: "전 지금 아주 피곤해요! 제가 그냥 알아서 할게요. 그렇게 지저분 하지도 않구요."

이럴 땐 아이의 태도를 바르게 잡아줘야 한다. 중요한 건 책상이 더럽고, 그래서 공부를 제대로 할 수 없는 게 아니다. 문제는 아이의 태도다. 이제 이 한 마디를 던져라.

아빠: "미현아, 너 지금 그게 아빠에게 말하는 올바른 태도라고 생각하니?"

이때 힘으로 혹은 목소리의 크기로 아이를 누르려 하지 말고, 조금은 실망했다는 힘이 없는 표정으로 말하면 더욱 효과가 있다. 아이가 아무런 대답을 하지 않는다면 바로 이어 이런 질문을 던지라.

아빠: "아빠는 무슨 일이든 항상 너를 먼저 생각하고 공정하게 대했다고 느껴왔는데, 방금 네가 한 말과 태도에 아빠는 너무나 큰 충격을 받았다. 방금 네가 한 말, 정말 진심이냐?"

부모는 늘 아이의 태도를 올바르게 유지시켜야 한다. 부모님에게 무례하게 말대꾸를 하거나 반기를 드는 일이 없도록 해야 한다. 그래서 부모는 늘 그런 위험한 상황에서 현명하고 지혜롭게 상황을 처리해 나가야 한다. 그런 아이의 행동이 부모의 가슴을 아프게 한다는 사실을 아이에게 알려야 한다. 그런 과정을 통해 아이들은 부모가 자신을 얼마나 사랑하는지 알게 되고, 사랑하는 부모님의 마음을 아프지 않게 하기 위해서라도 올바른 태도를 지니고 살아갈 수 있게 된다.

▍비극을 키우는 대화법 ▍

아빠: "왜 이렇게 책상이 지저분해? 빨리 정리해!"

아이: "조금 있으면 또 어질러질 텐데요, 뭐…."

아빠: "이놈 말하는 것 봐라! 너 아빠랑 약속했잖아. 빨리 안 해?"

아이: "전 지금 아주 피곤해요! 제가 그냥 알아서 한다니까요!"

아빠: "이 자식이 어디서 아빠한테 대들어! 너 오늘 아빠한테 한번 맞아야 정신 차리겠어? 지금 결정해, 맞고 할래? 그냥 할래?"

아이: "(굳은 얼굴로) 알았어요. 하면 되잖아요."

　소극적인 성격은 그 사람의 유년 시절과 깊은 관련이 있다. 어린 시절에 내성적인 성격을 가진 아이들은 어른이 된 후에도 집단생활에 잘 적응하지 못하고, 인간관계 역시 원만하지 못해 사회생활도 성공적으로 해내지 못하게 된다. 아이가 내성적인 성격으로 굳어지는 것은 부모가 어린 시절에 제대로 된 교육을 하지 못했거나, 너무 성급하게 아이의 문제를 해결하려 했기 때문에 발생한다.

　아이의 성격을 적극적이고 대범하게 고치고 싶다면, 일단 아이를 믿고 묵묵히 지켜보는 태도가 필요하다. 아이를 마냥 어린 아이로만 생각하고 혹시 아이에게 무슨 일이라도 일어날까 걱정이 되어 전전긍긍하게 되면 아이들이 부모의 그 모습을 보고 더욱 소심한 성격이 되어 갈 뿐이다. 또한 아이들에게 '넌 할 수 없어, 넌 너무 어리잖니?'와 같이 기를 죽이는 질문을 던지는 것은 가장 안 좋은 교육법이다. 이렇게 되면 아이는 갈수록 혼자 아무 일도 할 수 없는 아이가 되고, 위기 상황에 침착하게 대처하지 못하는 아이가 된다. 늘 자신이 어리다는 생각을 하기 때문에 부모가 없으면 아무것도 할 수 없다고 생각하기 때문이다.

아이가 방과 후, 학교 스탠드에 혼자 앉아 같은 반 친구들이 축구를 하는 모습을 물끄러미 바라보고 있다.

적극성을 키워주는 대화법 알아보기

엄마: "종현아, 넌 왜 축구 같이 안 하니?"

아이: "난 축구 잘 못하잖아요. 구경만 해도 재밌어요."

엄마: "그래도 친구들과 어울려서 같이 하면 더 재밌지 않을까?"

아이: "그러다 나 못한다고 놀리고 흉보면 어떻게 해요."

엄마: "같은 반 친구들이니까 그러지 않을 거야. 종현이가 함께 어울리면 친구들도 더 좋아할 거 같은데?"

아이: "아마 친구들이 나한텐 패스도 잘 안 할 걸요."

엄마: "종현이는 친구들이 왜 그렇게 할 거라 생각하지?"

아이: "같이 어울려서 축구를 해본 적이 별로 없으니까요. 그냥 혼자 구경만 하니까."

엄마: "그래, 종현이는 늘 혼자 있으려 하니까 친구들도 종현이한테 서먹하게 대할 수도 있을 거야. 근데 그건 누구 잘못도 아니야. 대신 엄만 종현이가 먼저 친구들에게 적극적으로 다가갔으면 좋겠어."

아이: "축구하는 데 껴달라고 말했다가 친구들이 싫다고 하면요?"

엄마: "정말 싫다고 하면, 다음엔 종현이가 먼저 축구공을 가지고 친구들한테 먼저 축구하자고 당당하게 말해보는 거야. 아마 친구들이 놀라겠지? 특별히 손해 보는 일도 아닌데 까짓것 해보는 거지, 뭐. 어떤 일이든 부딪혀 보지 않으면 결과는 아무도 알 수 없는 거잖아, 그치?"

아이를 갑자기 적극적으로 바꾸는 것은 거의 불가능하다. 반복적인 질문을 통해, 행동의 과정을 통해 한 단계씩 성격을 변화시켜 나가야 한다. 그래서 부모는 아이가 소극적인 행동을 보이더라도 최대한 자신의 감정을 절제하며 묵묵히 지켜보다가 결정적으로 아이가 대담한 행동을 보일 때, 그 순간을 놓치지 말고 칭찬하고 격려해줘야 한다. 괜히 아이를 자극시킨다고 '엄마 친구 아들은 더 잘하던데, 우리 아들도 더 잘할 수 있지?' 라고 말하며 다른 아이와 비교하는 건 아이를 더욱 소극적으로 만들 뿐이다. 소극적이고 내성적인 아이를 변화시키기 위해서는 칭찬은 되도록 많이 하고, 질책은 가슴속에 묻어두는 게 최선의 방법이다.

비극을 키우는 대화법

엄마: "너는 왜 같이 안 하고 혼자 앉아 있어?"

아이: "난 축구 잘 못하잖아요. 구경만 해도 재밌어요."

엄마: "어이구~ 이 바보 같은 놈아! 어째 그러냐? 같이 어울리면 얼마나 좋냐~!"

아이: "그러다 나 못한다고 놀리면 어떻게 해요."

엄마: "그게 대수야! 그래, 넌 만날 혼자 남들 노는 거 구경하면 참 재밌겠다. 너도 딱하다 딱해~!"

아이: "같이 해도 친구들이 나한텐 패스도 잘 안 할 거란 말이에요…."

엄마: "넌 도대체 누굴 닮아 이러냐~ 에이, 하기 싫으면 하지 마! 다른 애들은 잘만 어울려 놀더만… 엄마도 더 이상 짜증나서 너하고 얘기하고 싶지도 않다. 뭔 애가 이러는지 몰라… 이러니 친구 하나 제대로 없지……."

아이: "(고개를 푹 숙이고 말없이 울먹임)……."

아이들은 흔히 자신이 재미있을 거라 기대했던 일들이 생각과 다르다고 생각되면 쉽게 싫증을 내고 포기해버린다. 또 그것은 자신의 문제가 아니라 분위기, 친구, 학습방법 등 외부의 탓이라고 믿어버린다. 문제점을 자신이 아니라 밖에서 찾는 태도는 나에게 기대심을 보이는 부모에게 떳떳하게 변명할 수 있기 때문이다. 그러나 이때 부모가 끈기에 대한 필요성과 중요성만을 교과서처럼 강조하다 보면 아이들은 앞으로 그렇게 하지 않으면 자신이 부모에게 부족한 사람으로 취급당할 것이란 중압감으로 초조함을 느끼고 시간이 지나서는 자신감마저 잃는다. 이럴 때는 최소한 아이에게 도망갈 구멍을 마련해주면서 시간을 버는 질문이 가장 효율적인 방법이다. 지금 당장은 아니지만, 조금만 있으면 네가 원하는 대로 할 수 있다는 희망의 메시지를 던져야 아이가 받는 부담감과 불만을 최소화시킬 수 있다. 아이가 다양한 경험을 하도록 도전의식을 심어주는 것도 좋지만 한 가지 일이라도 꾸준히 실행하는 끈기를 심어주는 것은 더욱 중요하다. 장차 미래의 여정 속에서 어떤 순간에도 좌절하지 않고 고통을 이겨나갈 수 있는 힘이 되기 때문이다.

아이가 하고 싶다고 해서 피아노 학원에 보냈는데, 채 한 달도 되지 않아 학원에 가지 않겠다고 한다.

끈기를 키워주는 대화법 알아보기

엄마: "엄마는 서진이가 피아노 학원에 가고 싶다고 해서 시작한 걸로 아는데, 아니었니?"

아이: "그런데, 이젠 싫어졌어요."

엄마: "왜 싫어졌는데?"

아이: "친구가 틀린다고 계속 놀리고 선생님도 나만 미워하는 거 같단 말이에요."

엄마: "그래? 많이 힘들었나보구나. 좋아, 그럼 딱 한 달만 더 다녀보고 그때 그만두겠다고 하면 다니지 말자. 어때?"

아이: "난 지금 하기 싫은데…."

엄마: "서진이가 피아노 학원에 보내주면 잘 다닌다고 해서 엄마는 약속

을 지켰잖니. 그러니 서진이도 엄마한테 약속 지킨다는 생각으로 한 달만 더 다녀줬으면 좋겠어. 그동안 서진이는 엄마와의 약속은 잘 지켜왔잖아. 우리 딸 할 수 있지?"

아이는 엄마의 말대로 일단 학원에 가서 나머지 한 달을 채웠다. 그런데 놀라운 일이 일어났다. 피아노 학원을 다니기 싫다던 아이가 이젠 좀 더 다니고 싶다면서 계속 다니게 해달라고 하는 것이다. 처음에 학원을 다니기 싫다고 한 것은 피아노에 익숙하지 않았기 때문이었던 것이다. 어떤 일이든 시간이 지나면 익숙해지고, 실력도 늘어나면서 즐거워지게 된다. 아이는 한 달을 지내며 즐거워지는 법을 깨우친 것이다. 하지만 만약 처음 싫증을 냈을 때 학원을 그만 뒀다면 아이는 영영 피아노를 다시는 쳐다보지도 않았을 지도 모른다. 그리고 '끈기'라는 단어를 영영 모르고 지냈을 것이다. 이런 아이가 어른이 돼서는 하루가 멀다 하고 직장을 때려 치고 다시 입사하기를 반복하며 정착하지 못하는 인생을 살 수도 있다. 우리는 삶의 모든 부정적인 요소를 다 통제할 순 없다. 하지만 우리는 분명 그래도 올곧게 꾸준히 걸어가야 하고 또 걸어가고 있다. 때론 그게 최선이다.

| 비극을 키우는 대화법 |

엄마: "피아노는 네가 가고 싶다고 해서 엄마가 보내준 거잖아!"

아이: "그런데 이젠 싫어졌어요."

엄마: "얘 좀 봐! 너 지금 얼마 다녔다고 그런 소릴 해? 쓸데없는 소리 말고 빨리 가!"

아이: "친구들이 계속 틀린다고 놀리고 선생님도 나만 미워한단 말이에요."

엄마: "그런다고 안 가! 그러니까 가서 선생님 말씀 잘 듣고 잘 따라하란 말이야! 하여튼 얘는 뭘 하면 끝까지 하는 게 없어. 너 이번만큼은 엄마가 안 봐줄 거니까 다시 그런 말하기만 해! 그땐 정말 가만 안 둘 테니까. 이번 기회에 아주 버릇을 고쳐놓을 거야!"

아이: "(어쩔 수 없이 나가면서 울며 혼잣말) 정말 가기 싫은데……."

부모에게 의존적인 아이는 나중에 어른이 돼서까지 자신의 나이를 감당하지 못하고 부모에게 의존하게 된다. 그래서 되도록 어릴 때 의존적인 그 성격을 버리도록 만들어야 한다.

여기 부모라면 누구나 겪고 공감하는 이야기가 하나 있다. 그건 바로 외출하려고 나설 때 칭얼대며 부모가 나가는 것을 두려워하는 아이들의 모습을 보는 일이다. 이럴 때 아이는 거의 자신의 모든 힘을 다해 부모를 붙잡으려 노력하기 때문에 부모는 그런 아이의 의지를 꺾기 위해 외출을 하기도 전에 모든 힘을 빼게 된다. 그렇다고 아이를 데리고 나가자니 밖에서의 일이 엉망이 될 것 같고, 두고 나가자니 아이가 눈에 밟히고 선택은 언제나 어렵다. 하지만 행여나 아이를 데리고 외출하려는 생각은 해서는 안 된다. 평생 아이를 데리고 다닐 여력이나 생각이 아니라면 단호하게 아이의 자립심을 키우기 위한 결단이 필요하다.

이럴 땐 부모가 인상을 쓰거나 불평의 감정을 갖지 않은 마음 상태로 대화를 이어나가야 한다. 아이가 이렇게 부모와 떨어지지 않으려 하는 것은 바로 부모에 대한 사랑이 깊기 때문이라는 것을 알고 있어야 한다. 단지 아이가 모르는 것은 부모도 가끔은 볼 일이 있기 때문에 나가야 한다는 사실이다. 부모는 그 사실을 아주 성확하게 속이는 것 없이 아이들에게 알릴 의무가 있다.

그래서 외출을 하기 전에 미리 아이에게 그 사실을 주입시키는 대화가 필요하다. 특히 아이들에게 부모가 없어도 잘 견뎌낼 수 있을 것이라는 자신감을 불러일으키도록 그에 적합한 질문을 던지는 게 필요하다.

| 자립심을 키워주는 대화법 알아보기 |

부모: "찬영아, 엄마랑 아빠랑 조금 있다가 잠깐 나갔다와야겠구나."
아이: "어디 가세요?"
부모: "오늘 부부동반 모임이 있는데 금방 다녀올 거야."
아이: "안 돼요! 그럼 저 집에 혼자 있어야 되잖아요."
부모: "찬영이도 이제 잠깐 집 보는 거 정도는 할 수 있지 않을까?"

아이: "혼자 있으면 무섭단 말이에요."

부모: "찬영아, 둥지에 아기새와 어미새가 있는데, 어미새가 먹이를 구하러 나가게 되면 어떻게 될까?"

아이: "아기새만 남아서 어미새가 올 때까지 둥지에서 기다려야죠."

부모: "그래, 맞아. 그 약한 아기새도 둥지에서 어미새가 올 때까지 혼자 참고 기다리는 거야. 하물며 이렇게 듬직한 우리 찬영이가 아기새보다도 못하다고는 절대로 생각하지 않거든. 엄마, 아빠는 우리 찬영이를 믿는다. 어때, 할 수 있지?"

물론 한두 번의 질문으로 아이가 흔쾌히 동의하기는 힘들 것이다. 그렇다고 해서 아이가 울고, 부모 자신도 고통스럽다고 아이 모르게 빠져나가 외출을 하면 그건 잠시 동안 서로가 편할 수 있으나 이는 곧 아이를 망치는 지름길이다. 아이는 갑자기 부모가 없어지면 불안해지고, 그게 어른이 될 때까지 이유 모를 불안증을 주게 되기 때문이다. 아이가 혼자 집을 볼 수 있도록 만드는 자립심을 키우는 반복적인 질문을 통해 아이가 부모에게 필요 이상으로 의존하지 않도록 만들어야 한다.

비극을 키우는 대화법

부모: "찬영아, 엄마랑 아빠랑 조금 있다가 나갈 거니까 집 잘 보고 있

어."

아이: "어디 가세요?"

부모: "부부동반 모임에. 금방 올 거야."

아이: "안 돼요! 그럼 저 혼자 집에 있어야 되잖아요."

부모: "넌 잠깐 집 보는 것도 못하냐! 다 큰놈이 언제까지 이럴래, 응?"

아이: "혼자 있으면 무섭단 말이에요."

부모: "아이고~ 참, 너도 큰일이다. 덩치는 산만한 놈이 어째 그러냐. 너보다 더 어린애들도 혼자서 집만 잘 보는구먼. 한심한 놈, 아무튼 엄마랑 아빠 갈 거니까 알아서 해. 더 이상 너 징징대는 거 듣고 싶지도 않으니까!"

아이: "(울면서) 가지 마세요… 안 가면 안 돼요… 네?"

　용기란 자신이 옳다고 생각하는 일이라면 어떤 어려움이 있더라도 끝까지 해내는 것이다. 비록 실패한다고 할지라도 말이다. 아이가 스스로 판단하여 옳은 일에는 과감하게 도전하고, 그렇지 않다면 용기 있게 '아니'라고 말할 수 있도록 해주자. 또한 아이들이 어떤 일에 실패를 했든 성공을 했든 상관없이 용기 있는 행동에 대해서는 무조건 칭찬을 해야 한다.

　용기를 내는 것은 어려운 일이다. 때론 가슴이 벌렁거릴 정도로 두근거리는 일일 수 있다. 그러므로 아이가 용기를 내기 위해서는 분명 떨리는 가슴과 불안함을 극복해야만 했을 것이다. 부모는 그런 아이를 칭찬해줘야 한다. 그래야 용기를 낸 것이 칭찬받을 만한 행동인 줄 알게 되고 또 다시 용기를 낼 용기를 가질 수 있기 때문이다.

▎용기를 키워주는 대화법 알아보기 ▎

건실한 중소기업 사장으로 언제나 최고의 자신감을 보이고, 덕분에 못 할 게 없어 보이는 K라는 사람이 있다. 나는 그를 지난 몇 년 동안 나의 멘토로 삼고 있다. 그렇다면 과연 K의 그 남다른 자신감은 언제, 어디서, 어떻게 온 것일까?

K가 초등학생 때였다. 학예회를 열어 각자 자신이 가진 장기를 보여주는 시간이었는데, K는 피아노 연주를 하기로 되어 있었다. 사실 K는 피아노를 배우기는 했지만, 그가 좋아서 한 것은 아니었다. 어려서 어머니의 손에 이끌려 피아노를 배우기 시작했다. 그는 피아노에 관심도 없었고, 잘하고 싶다는 생각조차 없었다. 더구나 그때의 그는 지금처럼 무엇이든 할 수 있다는 거대한 자신감도 갖고 있지 않았다. 특별한 능력도 갖고 있지 않고, 자신감도 없는 상태에서 K는 많은 사람들 앞에서 피아노 앞에 섰다. 떨리지 않을 수 없었다. 실력을 이겨낼 자신감도, 자신감을 메울 실력도 없었기 때문이다.

수많은 사람이 그를 바라보자 K는 긴장하기 시작했다. 피아노 앞에 앉기는 했지만 그는 전혀 연주를 시작할 수가 없었다. 그렇게 5분여 지나고, K는 그저 피아노 앞에 앉아 멍한 표정으로 바닥만 바라보고 있었다. 금방이라도 눈물이 떨어질 것 같은 순간이었다. 그러자 관객석은 순간 침묵에 휩싸였다. 걱정하던 사람들이 소리를 지르기 시작했다.

"얼른 저 아이를 내려오게 해요."
"저 애 엄마는 뭐하고 있는 거야?"

그러자 K는 더욱 더 흥분을 해서 눈물을 뚝뚝 떨어뜨리고 있었다. 하지만 그의 엄마는 어쩔 줄을 모르고 무언가 크게 잘못 되었다는 표정으로 다만 안절부절못했다. K를 도운 것은 엄마가 아니었다. 한 명이 무대 위로 올라가 K의 귀에 대고 속삭였다. 그리곤 놀라운 일이 벌여졌다. K가 두 팔을 내밀고 연주를 하기 시작한 것이었다.

K에게 다가간 것은 그의 엄마가 아닌 그의 담임선생이었다. 그리고 K가 연주를 할 수 있도록, 그의 손을 완벽하게 움직이게 한 말은 바로 이것이었다.

"계속하렴, 무서워하지 말고. 멈추지만 않는다면 넌 꽤 훌륭한 연주를 할 수 있을 거야. 잘 할 수 있지?"

'잘 할 수 있지?' 라는 격려가 담긴 질문은 상상 이상의 힘을 발휘했다. '잘 할 수 있지?' 라는 질문에 대한 대답은 사실 뻔하다. '잘 할 수 있지?' 라는 질문을 듣고 '나는 못 하겠어' 라고 대답하는 아이는 없다. 그처럼 '잘 할 수 있지?' 라는 질문은 긍정의 답을 얻을 수 있는 질문이다. 그렇기 때문에 선생의 격려를 들은 K는 아무것도 두렵지 않게 되었다.

하지만 K의 엄마는 왜 아이를 도울 질문을 던지지 못한 것일까? 엄마의 몫이 왜 선생에게 간 것일까? 그것은 엄마의 큰 욕심 때문이었다. 하고 싶지도 않은 피아노를 시킨 것부터가 엄마가 아이의 능력과 소질을 무시한 채 자신의 욕심을 강요한 것이었다. 그러므로 엄마는 아이가 연주를 시작하지 못하는 상태가 닥쳐도 계속 기다리며, 아이 스스로 문제를 해결해 나갈 수 있으리라 막연하게 생각한 것이었다. 아이를 그저 지켜보며 잘할 때까지 그냥 두지 말고, 늘 격려를 통해 성장할 수 있게 해줘야 한다. 그리고 격려 안에 아이를 성장시키는 마법이 들어 있음을 잊지 말아야 한다.

| 비극을 키우는 대화법 |

"지금 뭐해? 정신 안 차리고… 왜 바보같이 굴어? 너 자꾸 이러면 사람들이 너 흉본단 말이야~ 시작하라니까, 어서!"

정직하다면 평판을 걱정할 필요가 없다. 평판을 걱정하기 시작하면 스스로 왠지 움츠려 들고, 아무런 행동도 취하지 못하게 된다. 하지만 정직한 자는 평판을 걱정할 필요가 없다. 아이에게 어떤 경우에도 흔들리지 않는 정직을 가르칠 수 있다면 아이가 평생을 살아가는데 도움이 될 것이다.

하지만 사실 우리 아이들 주변에는 정직하지 못한 일들이 널려 있다. 그래서 이런 환경에서 아이들에게 정직을 가르치는 것은 그리 쉬운 일은 아니다. 그러나 부모의 의지만 있다면 나쁜 환경은 문제가 되지 않는다. 부모가 먼저 모범을 보이고 아이들의 행동에 대해 지속적인 관심을 기울인다면 아이들도 '정직'의 의미를 이해하고 부모의 기대에 부응해 정직한 아이로 자랄 것이다.

　아이의 정직성을 측정할 수 있는 질문이 하나 있다. 아이에게 한번 이렇게 질문해보라.

▍정직을 키워주는 대화법 알아보기 ▍

엄마: "만약 네가 친구네 집에 놀러 가서 마루에 떨어진 돈 1000원을 발견했다고 생각해보자. 그건 누구 돈일까?"

아이: "글쎄요, 친구한테 이게 네 돈이냐고 일단 물어봐야죠."

엄마: "그래, 좋아. 아주 올바른 행동이야. 그런데 그게 친구의 돈이 아니라면?"

아이: "그럼 제가 가져야죠. 주인이 없는 돈이니 발견한 사람이 주인 아니겠어요?"

엄마: "아니야. 그렇지 않단다. 거긴 우리 집이 아니잖니. 그 돈을 잃어버린 사람을 찾지 못했다고 해도 그 돈은 네가 가지면 안 되는 거야."

아이: "그래도 당장 주인이 없으니까…."

엄마: "그건 아니지. 이 질문에 한 번 대답해 보겠니? 만약 언젠가 그 돈의 주인이 나타나고, 그 돈을 네가 가져갔다는 사실이 밝혀지면 그때 어떡하겠니?"

아이: "돈 내놓으라고 하겠죠. 도둑으로 몰릴 수도 있고…."

엄마: "진정한 정직이란 자기 마음속에 아무런 부끄러움이 없을 때란다. 그래서 정직한 사람은 나중에 어떤 일이 일어나도 남에게 거리낄 게 없으니까 전혀 걱정하지 않지. 엄마는 네가 당장의 유혹과 욕심에 넘어가지 않고 언제나 떳떳하고 솔직한 아들이 될 거라고 믿고 있단다."

언제나 우리는 항상 누군가가 우리를 지켜보고 있다고 생각하고 행동해야 한다. 정직한 사람은 고속도로에서도 속도탐지장치를 의식할 필요가 없다. 늘 제한 속도 이하로 정직하게 운전하는 습관이 그를 지켜줄 것이기 때문이다. 그러므로 늘 정직해야 한다. 그리고 아이에게 늘 어떤 행동을 하기 전에 스스로 '이 행동이 훗날 내게 어떤 영향을 미칠 것인가?'를 질문해볼 것을 권유해야 한다. 그렇게 한순간이라도 정직하지 않으면 그 한순간이 나쁜 평판이 되어 오래도록 아이를 따라 다니게 될 것이기 때문이다.

비극을 키우는 대화법

엄마: "만약 네가 친구네 집에 놀러 가서 마루에 떨어진 돈 1000원을 발견했다고 생각해보자. 그건 누구 돈일까?"

아이: "글쎄요, 친구한테 이게 네 돈이냐고 일단 물어봐야죠."

엄마: "그래, 좋아. 그런데 그게 친구의 돈이 아니라면?"

아이: "그럼 제가 가져야죠. 주인이 없는 돈이니 발견한 사람이 주인 아니겠어요?"

엄마: "넌 그게 문제야~ 하나만 생각했지 둘은 모른다는 거. 주인이 누군지 몰라도 남의 집에서 주은 건데 그냥 가지면 되겠어?"

아이: "그래도 당장 주인이 없으니까…."

엄마: "야, 그건 도둑놈 심보지~! 아무튼 네 것이 아니면 가지면 안 돼. 너 혹시 어디 가서 그런 얘기 하지 마. 괜히 엄마, 아빠가 교육 잘 못시켰다고 욕할지 모르니까."

아이: "(투덜대며) 가만히 있는데 괜히 물어보고 나서 나한테만 뭐라 그래… 엄만…."

에·필·로·그 – Epilogue

당신 아이의 기적 이야기를 듣고 싶다

제아무리 좋은 설명서가 있다 해도 설명서를 봐도 이해되지 않는 것이 반드시 있기 마련이다. 책도 마찬가지다. 어떤 부분에 대해 설명한 세상의 모든 전문서가 세상의 모든 사람을 만족시킬 수도, 이해시킬 수도 없다. 아이를 대하는 것 역시 마찬가지다. 아무리 완벽한 육아법을 가지고 있다고 하더라도 아이를 대할 때 애초에 생각했던 모든 것을 이룰 수는 없다. 그럴 때면 밀려오는 실망감을 주체할 수 없게 된다. 나는 아이를 대할 때, 화가 나거나 실망을 해서 아이에 대한 내 마음이 흔들릴 때마다 생각해내는 시가 하나 있다. 이 책을 읽는 독자들도 이 시를 알아두면 요긴하게 쓰일 것이다.

당신의 아이는 당신의 아이가 아니다.
그들은 그 자체를 갈망하는 생명의 아들, 딸이다.

EPILOGUE

그들은 당신을 통해서 태어났지만 당신으로부터 온 것은 아니다.

당신과 함께 있지만 당신의 소유물이 아니다.

당신은 그들에게 사랑은 줄지라도, 당신의 생각을 줄 수는 없다.

왜냐면 그들은 자신의 생각을 갖고 있기 때문이다.

당신이 그들의 육신은 집에 두지만, 그들의 영혼을 가두어 둘 수는 없다.

왜냐면 그들의 정신은 당신이 갈 수 없는 미래의 집에 살며, 당신의 꿈속에는 살지 않기 때문이다.

당신은 그들을 애써 닮으려 해도 좋으나, 그들을 당신과 같은 사람으로 만들려고 해서는 안 된다.

왜냐면 인생은 거꾸로 가는 것이 아니며 과거에 머물러서는 안 되기 때문이다.

당신은 활이 되어 살아 있는 화살인 당신의 아이들을 미래로 날려 보내야 한다.

사수는 영원의 길 위에 있는 표적을 겨냥하고 하느님은 그 화살이 날렵하게 멀

EPILOGUE

리 날아가도록

그분의 능력으로 당신의 팔을 구부린다.

사수의 손에 들어간 힘을 당신은 기뻐하리라.

왜냐면 하느님은 날아가는 화살을 사랑하는 것과 같이 그 자리에 있는 활도 사랑하기 때문이다.

― 칼릴 지브란의 '예언자' 중에서 ―

아이를 키운다는 것은 보람은 있지만 그만큼 고된 일임에 분명하다. 하지만 칼릴 지브란의 '예언자'를 읽으면, 한순간 그 마음이 달라지는 것을 느끼게 된다. 많은 부모들이 아이를 키우는 것을 고되게 느끼는 이유는 아이가 자신과는 독립된 인격이라는 사실을 망각하고 있기 때문이다. 그렇기 때문에 아이가 나의 가치관을 따라 가기를 강요하고, 그 길을 갈 수 있게 가르치려고 한다. 하지만 '절대 아이는 부모의 소유가 아니라는 것'을 명심하라. '아이는 그

EPILOGUE

자체로 독립된 인격'이라는 것을 잊지 말라. 그것을 기억하고 아이를 대할 수 있다면 아이를 대하는 부모의 태도도, 부모를 대하는 아이의 태도도 완전하게 달라질 것이다. 또한 그 아름다운 변화가 당신의 아이와 가정에 기적 이야기를 선사할 것이다.

노벨문학상을 수상했던 시인 가브리엘라 미스트랄Lucila Godoy Alcayaga은 이런 말을 했다.

"많은 것들은 우리를 기다려준다. 하지만 아이들은 기다려주지 않는다. 지금 이 순간에도 아이들의 뼈는 단단해지고 있고, 피는 만들어지고 있으며, 감각은 발달하고 있다. 아이들에게 우리는 '내일'이라고 말할 수 없다. 그들의 이름은 '오늘'이다."

그렇다. 많은 부모들이 아이들을 어떻게 교육시켜야 하는지 잘 알고 있다. 다만 실천이 늦을 뿐이다. 지금 당신의 아이는 절실하게 당신의 손길을 기다

EPILOGUE

리고 있다. 나는 모든 것을 잊고, 아이를 위해서 달려가는 세상에서 가장 아름다운 당신의 모습을 그려보며 글을 맺는다.

세 살 질문이 여든까지 영향을 미친다.
당신이 여든 때 어떤 인성을 가지고
살게 될지 궁금하다면
당신이 어릴 때 자주 듣던 질문을 기억해보면 된다.

내 아이의 미래를 바꾸는
기적의 질문법

초판 1쇄 2010년 4월 1일
    3쇄 2010년 12월 20일

지은이 김연우

발행인 강우식
에디터 김종훈
마케팅 박창석
경영지원 이창대
디자인 김숙연
인쇄 대일문화사

펴낸곳 ㈜코리아하우스콘텐츠
주소 경기도 파주시 교하읍 문발리 535-7 세종출판벤처타운 B05호
구입문의 031-955-1057~8
내용문의 031-955-1057~8
FAX 031-955-1059
홈페이지 http://cafe.naver.com/koreahousecafe
등록 제406-2010-000058호

ISBN 978-89-93769-30-2 03000

값 11,500원

* 이 책은 ㈜코리아하우스콘텐츠가 저작권자와의 계약에 따라 발행한 것이므로
  책의 내용을 이용하려면 반드시 저작권자와 본사의 서면 허락을 받아야 합니다.
*